KB194722

Apologia Sokratous
Kriton · Phaidon

Apologia Sokratous
Kriton · Phaidon

소크라테스의 변론

플라톤 지음 · 정상희 옮김

나는 내가 모른다는 것을 안다

P page2

· 차례 ·

소크라테스의 변론

Apologia Sokratous

죽음의 재판 앞에서

...

젊은이들을 타락시킨다는 혐의로 기소되어
법정에 선 소크라테스는 시민들의 무지를 일깨우는 것이
신탁에 따른 사명임을 주장하며 자신을 변호한다.

"나는 내가
아무것도 모른다는 것을 안다."

아테네 시민 여러분! 나는 여러분들이 나를 고발한 이 [1]들의 말을 듣고 어떤 영향을 받았을지 분명히 알 수는 없습니다. 하지만 그 말을 듣고 있자니 나도 내가 누구인지 거의 잊을 뻔했습니다. 그들의 말이 그럴듯하게 들리겠지만, 사실은 그 어떤 말도 진실이 아닙니다.

내가 특히 놀랐던 거짓말은 내가 말을 유창하게 하기 때문에 나한테 속지 않도록 경계해야 한다는 부분이었습니다. 내가 언변이 좋지 않다는 사실은 보면 알 텐데, 그럼에도 부끄러움 없이 내가 그런 이유로 죄가 있다고 말하는 그들의 행동은 정말 파렴치합니다. 그들이 진실을 말하는 사람을 웅변가라고 부르지 않는 한 말입니다. 만약 그들이 진실을 말하는 사람을 웅변가라고 칭한 거라면 그 말에 동의합니다. 하지만 단언컨대 그들은 그렇게 얘기하지 않았습니다. 여러분은 내가 하는 말에서 모든 진실을 알게 될 것입니다.

아테네 시민 여러분, 그들처럼 특정한 문구와 표현을 골라 정교하게 꾸며내어 논쟁을 일으키는 말이 아니라,

소크라테스의 변론

미리 준비하지 않고, 마치 처음 말하듯 떠오르는 그대로를 말하는 연설에 귀를 기울이십시오. 나는 내 말과 말하는 방식이 정당하다고 확신합니다. 그러니 나에게 다른 것을 기대하지는 마십시오. 내 나이가 되면 꾸며낸 연설을 준비하고 젊은이들처럼 여러분 앞에 서는 것은 힘듭니다.

그러므로 아테네 시민 여러분! 먼저 간청과 부탁을 드리고 싶습니다. 이제 내가 <u>스스로</u>를 변호하며 하는 말들이 광장이나 시장에서 들릴지라도 놀라거나 당황하지 않기를 바랍니다. 내 나이 칠십 세가 될 때까지 이렇게 법정에 서서 말하는 것이 처음입니다. 여기에서 나는 완전히 외국인이나 마찬가지입니다. 정말로 이곳의 언어에 익숙하지 않습니다. 만약에 내가 진짜 외국인이라면 내가 자란 곳에서 교육받은 언어와 방식으로 말한다 할지라도 사람들은 자연스레 이해했을 것입니다. 그러니 이제 여러분은 내가 말하는 방식이 형편없는지 훌륭한지에 주목하지 마시고, 내가 하는 말이 옳은지 또는 그른지에 대해서만 집중해 주십시오. 이것이 재판의 미덕이기 때문입니다. 웅변가의 미덕이 진실을 말하는 데 있듯이 말입니다.

[2]   아테네 시민 여러분! 우선, 나에 대해 제기된 첫 거짓

모함과 그렇게 모함한 사람들에 대해, 그리고 가장 최근에 행해진 모함과 그렇게 모함한 사람에 대해 나 스스로를 방어하는 것은 옳은 일입니다. 많은 사람이 오래전부터 나를 모함해 왔지만, 수많은 세월 동안 그 모함에 진실은 하나도 없었습니다. 아니토스와 그의 패거리들보다 저를 모함해 온 그들이 더 두렵습니다. 물론 아니토스와 그 무리도 염려됩니다. 하지만 나를 모함하는 그들이 더 염려됩니다.

아테네 시민들이여, 그들은 "소크라테스라는 한 현자가 있습니다. 그는 하늘 위 문제들과 땅 밑에 있는 모든 것을 연구해서 궤변을 정설로 만드는 사람입니다."라고 진실이 아닌 내용으로 나를 모함하고 여러분을 설득하고 있습니다. 아테네 시민 여러분! 이러한 이야기를 퍼트린 자들이 바로 나의 끔찍한 모함자들입니다. 사람들이 그들이 하는 말을 들으면, 사람들이 그런 연구를 하는 이들은 신을 믿지 않는다고 쉽게 단정할 것입니다.

두 번째로, 이 모함자들은 수가 많습니다. 그리고 나를 오랜 세월 동안 모함해 왔습니다. 게다가 여러분이 아주 잘 속는 어린아이나 청년이었을 때에 이러한 얘기를 했고, 내가 자리에 없을 때 재판을 진행하여 내게 방어할 기회조차 주지 않았습니다.

가장 부당한 점은 그들 중 한 명이 희극작가*라는 사실 외에는 이름도 몰라 그들이 누구인지를 밝힐 수조차 없다는 것입니다. 질투와 비방으로 당신을 설득한 그 자들 중에는 스스로가 설득되어 다른 이들을 설득하려는 이들도 있었습니다. 이 모든 이들을 상대하기란 정말 어렵습니다. 그들을 앞으로 나오게 하기도 힘들고, 그래서 그 어떤 것도 직접 듣고 틀렸다고 입증할 수 없습니다. 나는 온 힘을 다해 싸워도 마치 그림자와 싸우는 것과 같이 나 자신을 방어해야 했고, 대답할 기회도 없이 유죄를 선고받았습니다.

앞서 언급했던 것과 같이, 나를 모함한 사람들은 오래전에 나를 모함한 사람들과 최근에 나를 모함한 사람들, 두 부류가 있습니다. 나는 오래전 나를 처음 모함한 사람에게 먼저 내 입장을 변론해야 한다고 믿습니다. 왜냐하면 여러분들도 그 첫 모함을 최근의 모함보다 더 많이 들었을 것이기 때문입니다.

자, 아테네 시민 여러분, 나는 나 자신을 위해 변론을 해야 하며, 짧은 시간 안에 여러분의 마음속에 오랫동안 기억되어 온 나에 대한 비방을 지우려 노력할 것입니다.

---

* 아리스토파네스.

이 변론의 노력이 여러분이나 나에게 더 나은 일이 될 수 있다면, 그리고 더 유리한 효과를 낼 수 있다면 그렇게 할 것입니다. 하지만 이 일은 어려울 것입니다. 나는 이 변론이 얼마나 어려울지 하나도 모르고 있지는 않습니다. 그럼에도 불구하고 결국 신의 뜻대로 될 것이며 나는 법을 따르고 나를 변론할 뿐입니다.

그럼, 나에 대한 비방이 시작된 처음으로 돌아가 보겠 [3] 습니다. 멜레토스는 그 비방을 믿고 나를 고발했습니다. 자, 나를 고발한 이들은 무엇을 말하고 있나요? 공적 고발자로서 그들의 진술을 읽어봐야 합니다.

"소크라테스는 하늘에 있는 것들과 땅 아래의 것들을 연구하는 데 몰두하며, 궤변을 정설로 만들고, 그것들을 다른 사람들에게 가르치는 악하고 불법적인 일을 하고 있습니다."

이것이 그들이 나를 고발한 내용입니다.

여러분도 아리스토파네스의 희극에서 이런 내용을 보신 적 있을 겁니다. 거기 등장하는 소크라테스라는 한 인물이 공중에서 걷고 있다고 말하거나 전혀 이해할 수 없는 많은 우스꽝스러운 행동들을 말입니다. 나는 그러한 기술을 깎아내리려는 의도는 없습니다. 누군가가 그러한 신통에 능하다면, 그런 것 때문에 멜레토스가 나를 고발하지는 못할 것입니다.

　하지만 전 이렇게 말하겠습니다. 아테네 시민 여러분, 나는 그런 문제와 전혀 상관이 없습니다. 여러분을 이 문제에 대한 증인으로 요청합니다. 나와 대화를 나눠본 적이 있다면 그 사실을 알고 있을 것입니다. 여기 있는 여러분 중에 그러한 사람이 많을 것입니다. 그러니, 누구든지 나와 이러한 주제로 작든 크든 얘기를 나눠본 적이 있는 분들은 서로 말해주십시오. 그렇게 한다면, 대중이 저에 대해 주장하는 다른 내용들도 이와 비슷한 성질을 지녔음을 알게 될 것입니다.

[4]　나를 모함하는 이런 내용들은 어느 하나도 사실이 아닙니다. 내가 누구를 가르치려 했으며 또한 그 가르침에 대한 대가를 요구했다는 말은 모두 다 사실이 아닙니다. 만약에 누군가 레온티노이 사람인 고르기아스, 케오스 사람인 프로디코스, 엘리스 사람인 히피아스처럼 사람들을 가르칠 수 있다면 그것도 좋은 일이라고 생각합니다. 다만, 아테네 시민들이여, 그들은 모두 여러 도시를 돌아다니며 젊은이들을 설득해서 그들의 동료 시민들을 떠나 자기들에게 오도록 합니다. 그 젊은이들이 자기 나라 사람들에게 배운다면 무료로 배울 수 있음에도 불구하고 말입니다. 그들은 수업료를 받고 가르칠 뿐만 아니라 자

신들에게 감사하는 마음을 갖게 만들기도 합니다.

그리고 이 도시에 파로스 출신의 또 한 명의 현자가 머물고 있다는 것을 알고 있습니다. 내가 그 사람을 방문한 적이 있습니다. 그는 다른 모든 사람이 낸 수업료보다 더 많은 수업료를 소피스트들에게 쓴 사람으로, 그의 이름은 히포니코스의 아들인 칼리아스였습니다. 그에게는 두 아들이 있었고, 나는 그에게 이렇게 물었습니다.

"칼리아스, 만약에 당신의 아들이 망아지나 송아지였다면, 당신은 그들의 본성에 맞는 자질을 뛰어나게 만들기 위해 마구간 관리인이나 농부와 같은 사람들을 찾아 고용했을 겁니다. 그러나 당신의 두 아들은 사람입니다. 당신은 아들을 위해 어떤 선생을 고를 작정입니까? 한 인간과 시민으로서 적합한 자질을 가질 수 있도록 아들을 가르칠 수 있는 사람이 있습니까? 당신은 분명히 이 문제에 대해 고려해 봤겠죠? 그런 사람이 있습니까? 아니면 없습니까?"

그러자 그가 대답했습니다. "물론 있습니다."

내가 다시 물었죠. "그럼, 그는 누구입니까? 어디에서 왔고, 어디 출신이며, 어떤 조건으로 가르치나요?"

그가 대답했습니다. "소크라테스, 그의 이름은 파로스 섬에서 온 에우에노스입니다. 수업료는 5므나를 주고 있습니다."

나는 그가 정말로 그러한 기술을 가지고 있고 두 아들을 훌륭하게 가르칠 수 있다면, 에우에노스는 행복한 사람이라고 생각했습니다.

만일 내게도 그런 지식이 있었다면, 나 역시 분명히 스스로를 높이 평가하고 매우 자랑스러워했을 것입니다. 그러나 아테네 시민들이여, 나는 그러한 지식을 가지고 있지 않습니다.

[5] 아마도 여러분 중 누군가가 저에게 이렇게 반문할지도 모르겠습니다.

"하지만 소크라테스, 당신은 무엇을 했습니까? 왜 사람들이 당신을 이렇게까지 비방합니까? 분명히 당신이 다른 이들과는 다른 더 특별한 무언가를 했기에 이런 소문과 이야기가 퍼지지 않았겠습니까? 그러니 말해보십시오. 당신께서 대부분의 사람이 하는 것과 다른 무엇을 했는지 말입니다. 그래야 우리가 당신에 대해 성급한 판단을 내리지 않을 수 있습니다."

이렇게 묻는 사람은 나에게 공정한 질문을 하는 것 같습니다. 이제부터 나는 여러분에게 나에게 왜 이런 평판과 비난이 생겼는지 그 이유를 잘 설명해 보겠습니다. 그러니 들어보십시오. 아마도 여러분 중 몇몇은 내가 농담

한다고 생각할지도 모르겠지만, 나는 여러분에게 완전한 진실만을 말하겠습니다.

아테네 시민들이여, 나는 어떤 지혜 덕분에 명성을 얻게 되었습니다. 도대체 어떤 종류의 지혜냐고요? 그것은 아마도 보통 사람들이 지닌 지혜일 겁니다. 반면 앞에서 언급했던 사람들은 아마도 인간적인 지혜를 뛰어넘은 그 이상의 지혜를 가지고 있었던 것 같습니다. 나는 그것에 대해 뭐라고 말해야 할지 모르겠습니다. 나는 그 지혜를 알지 못하고, 누군가가 내가 그것을 가지고 있다고 말한다면, 그는 거짓말을 하고 있으며 나를 비방하려는 의도를 갖고 있다고 말할 것입니다.

하지만 아테네 시민들이여, 내가 하는 말이 약간 거만하게 들린다고 할지라도 나무라지는 말아주십시오. 내가 지금부터 여러분에게 들려드릴 이야기는 내 주장이 아니라, 여러분이 신뢰할 만한 권위를 가진 존재가 한 말이기 때문입니다. 나는 델포이의 신을 증인으로 불러 내가 가진 지혜가 무엇인지, 또 내용은 어떠한지 증언하도록 할 것입니다.

여러분은 분명히 카이레폰이 누군지 알고 계실 겁니다. 그는 나와 어린 시절부터 친구였고, 여러분 중 다수와도 동료였죠. 한때 망명을 했다가 여러분과 함께 돌아왔습니다. 그러니 여러분은 카이레폰이 어떤 사람인지, 그가 무슨 일을 하든 얼마나 열정적으로 임하는지도 잘 알 것입니다. 한번은 그가 용기를 내어 델포이 신전에 가서 다음과 같은 질문에 대해 신탁을 구했습니다.(아테네 시민 여러분! 이제 제가 할 말을 듣고 부디 야유하지 말아주십시오.) 그는 소크라테스보다 더 지혜로운 사람이 있는지 물었습니다. 그러자 여사제는 그보다 더 지혜로운 이는 없다고 대답했습니다. 카이레폰은 이미 세상을 떠났지만, 그의 형제가 여러분에게 증언해 줄 수 있는 사실입니다.

[6]   내가 이 말을 왜 하는지 생각해 보십시오. 그 이유는 바로 나에 대한 모함이 어디서부터 시작되었는지를 여러분께 보여드리기 위함입니다. 이 말을 들었을 때 나는 스스로 '신은 무슨 의미로 그렇게 말하셨을까? 이 수수께끼는 도대체 무엇일까?'라고 생각했습니다. 그 이유는 나 자신이 전혀 지혜롭지 않다고 생각했기 때문입니다. 그렇다면 신이 내가 가장 지혜롭다고 말한 것은 무슨 뜻일까? 신은 분명 거짓말을 하지는 않을 테니, 절대 거짓일 리는 없을 텐데 말입니다.

그래서 나는 오랫동안 신의 말씀이 무엇을 뜻하는지 곰곰이 고민했습니다. 꽤 오랜 고민 끝에 다음과 같은 방법으로 그 뜻을 헤아려보기로 했습니다. 나는 지혜롭다고 평판이 나 있는 사람 중 한 사람을 찾아갔습니다. 그 사람과 얘기하다 보면 내가 신탁을 반박할 증거를 찾을 수 있다고 생각했습니다. 신의 응답에 대해 나보다 더 지혜로운 사람을 찾아, 신이 나에게 가장 지혜롭다고 말한 내용에 반박할 수 있기를 바랐습니다. 이름을 굳이 말할 필요는 없을 듯하지만, 그는 우리 도시의 저명한 정치가 중 한 명입니다.

아테네 시민 여러분! 그 사람과 대화를 나누면서 느낀 바를 이제 말씀드리겠습니다. 그는 스스로도 자신이 매우 지혜롭다고 생각하는 사람으로 보였고, 다른 많은 사람의 생각도 그러했습니다. 그러나 실제로는 그렇지 않았습니다. 그래서 나는 그에게 자신이 지혜롭다고 착각하고 있지만 실제로는 그렇지 않다는 사실을 알려주려고 부단히 노력했습니다. 그리고 그런 나의 행동으로 인해 나는 그와 그 자리에 있던 많은 사람에게 미움을 사게 되었습니다.

그 사람을 떠난 뒤 나는 스스로 이렇게 생각했습니다. '나는 이 사람보다는 더 지혜롭구나. 왜냐하면 우리 둘 다 무언가 대단하고 선한 것을 아는 것처럼 보이지만, 그는 자신이 뭔가를 알고 있다고 착각하는 반면, 나는 내가 아무것도 모른다는 것을 알고 있으니 말이다.'라고 말입니다. 이런 작은 점에서 나는 그 사람보다 더 지혜롭다고 느꼈습니다. 내가 모르는 것을 알고 있다고 착각하지 않았기 때문입니다.

그 후에 나는 그 사람보다 더 지혜롭다고 알려진 다른 사람에게 갔고, 결과는 동일했습니다. 이제 나는 그 사람뿐 아니라 더 많은 사람에게 미움을 사게 되었습니다.

[7] 나는 차례로 다른 이들에게 또다시 갔습니다. 내가 사람들에게 미움을 받고 있다는 것을 깨닫자 슬프고 두려웠습니다. 하지만 신탁을 가장 중요하게 여겼기에 그 뜻을 밝히기 위해서는 지식이 많다고 평판이 난 모든 사람에게 꼭 가봐야 한다고 생각했습니다.

아테네 시민 여러분! 개를 두고 맹세하건대, 나는 어디까지나 진실을 말해야 하므로 이런 말씀을 드립니다. 나는 다음과 같은 결론에 도달했습니다. 신의 명령에 따르기 위한 나의 조사에 따르면, 가장 높은 평판을 가진 사람들이 오히려 가장 부족해 보였으며, 반대로 덜 평가받는 사람들이 오히려 더 지혜롭다는 것을 볼 수 있었습니다. 이 신탁이 그 누구도 이의를 제기할 수 없는 분명한 것임을 확인하기 위해 내가 겪어야 했던 방황과 고통을 이야기해야 할 것 같습니다.

나는 정치가들에 이어 시인, 비극 작가, 디티람보스 시인, 그리고 다른 시인들 모두를 다 찾아갔습니다. 나는 그들 앞에서 내가 그들보다 더 무지하다는 것을 스스로 발견할 것이라고 기대했습니다. 그래서 그들의 작품 중 가장 공을 들여 완성했다고 생각되는 몇 작품을 가지고 가서 그 의미를 물었습니다. 동시에 나 역시 그들에게서 무언가를 배울 수 있기를 바랐습니다.

아테네 시민 여러분! 나는 이 진실을 말하는 것이 너무나도 부끄럽습니다. 하지만 반드시 말해야 합니다. 거기에 있던 거의 모든 사람이 시인들보다 더 훌륭하게 시를 설명했습니다. 나는 곧 그 시인들에 대해 이것을 깨달았습니다. 그들은 지혜로 자신의 목적을 이루는 것이 아니라, 일종의 자연적인 영감과 열정으로 마치 예언자나 점쟁이처럼 시를 만들어낸다는 것을 말입니다. 예언자나 점쟁이는 훌륭한 말을 많이 하지만, 자신이 말하는 것을 모두 이해하지는 못합니다. 내게는 시인들도 그들과 다를 바 없어 보였습니다. 시인들은 자신이 지은 시로 인해 다른 모든 면에서도 가장 지혜로운 사람이라고 스스로 여기지만, 나는 그들이 그들의 생각처럼 지혜롭지 못하다는 것을 알았습니다. 그래서 나는 그들을 떠났고, 정치가들에게서 느꼈던 것과 같은 이유로 내가 그들보다 우월하다고 확신하게 되었습니다.

소크라테스의 변론

[8]   마지막으로 나는 장인들에게 갔습니다. 나는 아는 것이 거의 없지만, 그들은 훌륭한 지식을 많이 갖고 있을 것이라고 확신했기 때문입니다. 내 생각은 틀리지 않았습니다. 그들은 내가 알지 못하는 것들을 알고 있었고, 그 점에서는 그들이 나보다 지혜로웠습니다.

하지만 아테네 시민 여러분! 가장 뛰어난 장인들조차도 시인들과 같은 오류 속에 빠져 있었습니다. 즉, 각자가 자신이 뛰어난 기술을 가진 것처럼 다른 중요한 문제들에 있어서도 매우 지혜롭다고 생각했던 것입니다. 그리고 그 착각은 실제로 그들이 가진 지혜까지 오히려 흐리게 만들었습니다.

그래서 나는 나 스스로에게 신탁을 대신해서 물었습니다. 내가 그들처럼 자기만의 지혜와 무지를 갖고 살아갈지, 아니면 지금처럼 지혜와 무지 그 어느 것도 갖지 않고 살아갈지 말입니다. 나 스스로와 신탁이 준 대답은 바로 내가 지금 모습 그대로 사는 편이 더 낫다는 것이었습니다.

[9]   아테네 시민 여러분! 내가 이렇게 신탁의 의미를 알아내기 위해 조사를 하고 다녔기 때문에 많은 사람이 나에게 적대감을 갖게 되었고, 많은 비방이 시작되었습니다. 그것은 내게 너무나도 고통스럽고 심각한 문제가 되었는

데, 그중 하나가 바로 '지혜롭다'는 오해입니다. 그 자리에 있던 사람들은 내가 다른 이들의 무지를 드러내는 모습을 보면서 내가 지혜를 가졌다고 생각했습니다.

그러나 아테네 시민 여러분! 신은 진실로 지혜롭습니다. 신께서 신탁을 주시는 이유도 결국 인간의 지혜란 가치가 거의 없거나 전혀 없는 것임을 보여주기 위해서 같습니다. 그 사실을 소크라테스라는 내 이름을 대표해서 말한 것이 아닌가 합니다. 즉, 신은 이렇게 말씀하신 것 같습니다.

"가장 지혜로운 사람은 소크라테스처럼 자신의 지혜가 실제로는 아무것도 아니라는 것을 아는 자다."

그래서 나는 여전히 신의 명령에 따라 이 일을 계속하고 다닙니다. 이 나라의 시민이든 외국인이든 그들 중에 지혜로운 사람이 있다고 생각되면, 실제로 그러한지 탐구하고 조사합니다. 그리고 그가 지혜롭지 않다는 사실이 드러날 때, 나는 신의 뜻을 지지하며 그 사람이 지혜롭지 않음을 알려줍니다.

그런 일에 몰두한 결과, 나는 국가나 나 자신의 일에 크게 신경을 쓸 여유가 없었습니다. 오히려 신을 섬기는 일에 헌신한 탓에 극도의 가난 속에 살고 있습니다.

한편 부유한 가문의 한가한 젊은이들은 나를 따라다 [10]

니며 사람들이 시험받는 모습을 무척이나 즐깁니다. 그들은 종종 나를 흉내내며 사람들을 시험하려고 시도하곤 합니다. 그러면서 자신이 무엇인가 알고 있다고 착각하는 많은 사람이 실제로 거의 또는 아무것도 모른다는 것을 발견합니다. 젊은이들에게 시험받는 사람들은 그 젊은이들이 아니라 내게 화를 내며, 소크라테스라는 사람이 젊은이들을 타락시키는 아주 해로운 인물이라고 말합니다.

누군가가 소크라테스가 도대체 무슨 짓을 하고, 무엇을 가르치기에 이러느냐고 젊은이들에게 물으면 그들은 할 말이 없을 것입니다. 그들 자신도 알지 못하기 때문입니다. 하지만 자신들이 할 말을 찾지 못한다는 것을 들키지 않으려고, 모든 철학자를 비난할 때 흔히 제기되는 말을 합니다. "소크라테스는 하늘에 있는 것들과 땅 아래에 있는 것들을 탐구하며, 신들을 믿지 않고, 궤변을 정설로 둔갑시킵니다."라고 말입니다. 사실 그들이 진실을 말하지 않는 이유는 그들이 스스로 지식을 가진 척했으며, 실제로는 아무것도 모른다는 것이 들통났기 때문입니다.

내가 생각하기에 나를 비방하는 이들은 야심이 가득하고 격렬하며 수도 많습니다. 조직적이면서 설득력 있게 나에 대해 이야기하며 오랫동안 나를 열심히 비방하

면서 여러분의 귀를 채워왔습니다. 이들 중에 멜레토스
는 시인들 때문에, 아니토스는 장인들과 정치가들 때문
에, 그리고 리콘은 웅변가들 때문에 나를 공격했습니다.
내가 처음에 말했듯이, 이렇게 오랫동안 그들이 퍼트려
온 나에 대한 비방을 여러분의 마음에서 이렇게 짧은 시
간 안에 없앨 수 있을지 의문입니다.

아테네 시민 여러분! 이것이 진실입니다. 나는 여러분
에게 어떤 것도 숨기거나 왜곡하지 않았고, 크건 작건 있
는 그대로 다 말씀드리고 있습니다. 비록 이런 사실만을
말하는 태도로 인해 내가 비난을 받는다는 것을 너무나
도 잘 압니다. 하지만 이것이야말로 내가 진실을 말하고
있다는 증거이며, 나에 대한 비방의 본질과 원인입니다.
여러분들이 지금이든 나중이든 이 문제를 조사한다면,
이것이 사실임을 알게 될 것입니다.

처음 나를 고발한 사람들이 나를 상대로 제기한 혐의 [11]
에 대해서는 앞선 변론이 여러분에게 충분히 답변이 되
었다고 생각합니다. 이제 자신을 선량한 애국자라고 주
장하는 멜레토스, 그리고 나를 나중에 고발한 사람들이
고발한 내용에 대해 변론하고자 합니다. 그럼, 고발장을
먼저 살펴보겠습니다. 내용은 다음과 같습니다.

"소크라테스는 젊은이들을 타락시키며, 이 나라가 믿

는 신들을 믿지 않고 다른 이상한 신들을 믿으면서 부당한 행동을 하고 있다."

이것이 고발 내용입니다. 이제 항목을 하나씩 살펴보겠습니다. 그들은 내가 젊은이들을 타락시킨다고 말합니다. 아테네 시민 여러분! 나는 멜레토스가 오히려 더 부당한 행동을 하고 있다고 생각합니다. 왜냐하면 그는 진지한 주제에 농담을 던지며, 결코 관심을 가져본 적 없는 문제들에 열정적이며 걱정하는 척하며, 성급하게 사람들을 법정에 세우기 때문입니다. 지금부터 나는 이 사실을 증명해 보이도록 하겠습니다.

[12]   소크라테스: 자, 멜레토스. 말해보시게. 당신은 젊은이들을 훌륭한 사람으로 성장하게 하는 일을 매우 중요하다고 생각하시오?

멜레토스: 그렇소.

소크라테스: 좋소, 그러면 그 젊은이들을 더 나은 사람으로 만드는 사람이 누구인지 재판관들에게 말해보시오. 당신이 이 문제를 그렇게 중요하게 여긴다 했으니 분명히 알고 있지 않겠소? 어서 말해보시오. 당신은 내가 젊은이들을 타락시켰다고 고발하며 이 자리에까지 불러 세웠으니, 자 말해보시오. 재판관들에게 젊은이들을 더 나은 사람으로 만드는 이가 누구인지 알려주시오.

멜레토스, 왜 아무 말도 안 하고 침묵하고 있소. 이것이 바로 당신이 이 문제에 결코 관심을 두고 있지 않았다는 부끄러우면서도 충분한 증거가 아니오? 한번 말해보시오. 그들을 더 나은 사람으로 만드는 이가 누구요?

멜레토스: 법이오.

소크라테스: 지금 그것을 묻는 것이 아니지 않소? 나는 누가 법을 가장 잘 아는 사람인지 묻고 있소.

멜레토스: 그들은 바로 재판관들이오.

소크라테스: 무슨 말을 하는 것이오, 멜레토스? 당신은 재판관들이 젊은이들을 가르치고 더 나은 사람으로 만들 수 있다고 생각한단 말이오?

멜레토스: 확실히 그렇소.

소크라테스: 그렇다면 재판관들 모두가 그렇다는 말이오? 아니면 일부는 그렇고 또 일부는 그렇지 않다는 것이오?

멜레토스: 모두 그렇다는 말이오.

소크라테스: 당신 말대로라면 젊은이들을 도울 수 있는 사람이 그렇게 많다니, 헤라 여신에게 맹세컨대, 참 훌륭하구려. 그러면 여기 있는 방청객들은 어떻소? 그들도 더 나은 사람으로 만들 수 있소? 아니면 없소?

멜레토스: 그들도 그렇게 만들 수 있소.

소크라테스: 그렇다면 평의회 의원들은 어떻소?

멜레토스: 그들도 그렇게 만들 수 있소.

소크라테스: 그러나 멜레토스, 대중 집회에 참석하는 사람들은 젊은이들을 타락시키오? 아니면 그들 모두가 젊은이들을 더 나은 사람으로 만드오?

멜레토스: 그들도 청년들을 더 나은 사람으로 만들 수 있소.

소크라테스: 그렇다면 멜레토스, 아테네의 모든 시민이 젊은이들을 존귀하고 선하게 만드는 반면, 오직 나만 그들을 타락시킨다는 말이군요. 당신이 그렇게 말한 것이 맞소?

멜레토스: 바로 내가 주장하는 바요.

소크라테스: 당신은 나를 불행한 사람으로 만들고 있소. 내 질문에 대답해 보시오.

당신의 관점은 말(馬)들에게도 동일하게 적용할 수 있소? 모든 사람이 말을 다 잘 다루지만, 오직 한 사람만이 그 말들을 완전히 망쳐놓을 수 있소? 오히려 그와 정반대는 아니오? 말들을 더 나은 상태로 만들 수 있는 사람이 오직 한 사람 또는 아주 적은 수의 사람들, 즉 조련사들이며, 대부분의 사람들은 말을 잘 다루지 못하거나 망치게 하는 것은 아니오? 멜레토스, 말뿐만 아니라 다른 동물들도 모두 이렇지 않소?

당신과 아니토스가 부정하든 아니든, 이것만은 분명하오. 오직 한 사람만이 젊은이들을 타락시키고, 나머지가 모두 그들을 나은 길로 인도한다면, 그것은 그 젊은이들에게 매우 큰 행운이 될 것이오. 그러나 멜레토스, 당신은 젊은이에게 결코 어떤 관심도 두고 있지 않음을 충분히 보여주었소. 그리고 나를 고소한 그 문제들에 대해 전혀 주의를 기울이지 않았다는 당신의 과실이 분명히 드러났소.

멜레토스, 제우스의 이름을 걸고 더 말해보시오. 선한 [13] 시민들과 함께 사는 것이 더 나은지, 아니면 악한 시민들과 함께 사는 것이 더 낫다고 생각하는지, 대답해 보시오. 나는 당신에게 어려운 질문을 하는 것이 아니오.

악한 사람들은 계속해서 자신들과 가까이에 있는 사람들에게 해를 끼치고, 선한 사람들은 선한 일을 하지 않겠소?

멜레토스: 그렇소.

소크라테스: 그러면 자신과 가까운 사람에게 도움을 받기보다 해를 입기를 원하는 사람이 있겠소? 대답해 보시오. 선한 사람이여, 법은 자네가 대답할 것을 요구하오. 자신이 해를 입기를 원하는 사람이 있겠소?

멜레토스: 물론 아무도 없소.

소크라테스: 자, 그러면 당신은 내가 젊은이들을 타락시키고 더 부패하게 만든다고 나를 고발했는데, 내가 의도적으로 그리한 것이겠소? 아니면 의도하지 않고 한 것이겠소?

멜레토스: 의도적으로 그랬다고 생각하오.

소크라테스: 그렇다면, 멜레토스. 조금 전에 말했듯이 악한 사람들은 항상 그들과 가까운 사람들에게 해를 끼치고, 선한 사람들은 이익을 준다고 알고 있는데, 젊은 당신은 나보다 지혜로워 그것을 알고 있고, 나는 나의 주변 사람들 중 누군가를 부패하게 만들면 그것이 나 자신에게 어떤 해로 돌아올지 모른다는 말이오? 당신이 말하듯이 내가 의도적으로 그렇게 큰 해를 초래한단 말이오? 나는 당신의 말을 도저히 이해할 수가 없소, 멜레토스. 이 세상 그 누구도 당신의 말을 믿지 않을 것이오. 그러니 나는 젊은이들을 타락시키지 않았으며, 만약에 내가 그들을 타락시켰다고 하더라도 그것은 의도하지 않은 일이오. 따라서 이 두 가지 경우 모두 당신은 거짓말을 하는 것이오.

그리고 만약 그런 의도적이지 않은 잘못을 저질렀다는 이유로 이렇게 법정에 세우지는 않소. 그 대신 따로 불러내 가르치거나 충고하는 것이 일반적이오. 왜냐하면 내가 주의를 받고 잘못을 알았다면 의도가 없었으므로 멈췄을 것이기 때문이오. 하지만 당신은 나를 피했을 뿐 나와 교제하며 가르치기를 원하지 않았소. 교육이 아니라 처벌하는 이곳에 나를 고발하였소.

그러므로 아테네 시민 여러분! 내가 말한 것이 이제 [14] 분명해졌습니다. 보시다시피 멜레토스는 젊은이의 미래에 대해서 관심이 전혀 없습니다. 도대체 멜레토스 당신은 내가 어떻게 젊은이들을 타락시킨다고 주장하는 것이오? 당신이 제기한 고발장의 내용에 따르면 내가 이 나라가 믿는 신들을 믿지 않고, 그 대신 이상한 신들을 믿도록 젊은이들을 가르쳤다고 말하지 않았소? 당신은 내가 그런 것들을 가르쳐서 젊은이들을 타락시킨다고 말하지 않았소?

멜레토스: 분명히 그렇게 말했소.

소크라테스: 그렇다면 멜레토스. 바로 지금 논의되고 있는 그 신들에 대해 나와 이 사람들에게 더 명확하게 말해보시오. 나는 당신이 말하는 것을 이해할 수 없으니 말이오. 내가 어떤 신들이 존재한다고 그들에게 가르치고 다닌다는 것인지 말해보시오.(그렇다면 나는 신들이 존재한다고 믿는 것이니 완전한 무신론자가 아니며, 이 점에 있어서는 비

난받을 이유가 없지 않소?)

내가 이 나라가 믿는 신들이 아닌 다른 신들을 알려준다는 말이오? 아니면 내가 아예 신들을 믿지 않으며 다른 사람들에게도 그렇게 믿도록 가르친다는 것이오?

멜레토스: 내가 말하는 것은, 당신이 아예 어떤 신도 믿지 않는다는 말이오.

소크라테스: 오, 놀라운 멜레토스! 어떻게 그런 말을 할 수가 있소? 그러면 내가 다른 사람들처럼 태양과 달이 신이라고 믿지 않는다는 말이오?

멜레토스: 제우스 신을 걸고 맹세하건대, 맞소. 오 재판관님들! 그는 태양은 돌이고 달은 흙이라고 말하는 사람입니다.

소크라테스: 멜레토스, 당신은 지금 내가 아니라 아낙사고라스를 고발하고 있다고 착각하고 있구려. 그리고 당신은 이 자리에 있는 사람들이 클라조메나이 사람인 아낙사고라스의 책에 그런 주장이 가득하다는 사실도 모를 정도로 무식하다고 생각하며 그들에게 모욕을 주고 있소. 그렇다면 젊은이들이 나에게 그런 엉터리를 배우려 했겠소? 아무리 비싸도 1드라크메만 주면 그 책을 살 수 있을 텐데, 만약에 그런 태양과 달에 관한 이야기를 내 것인 척하면서 그들을 가르쳤다면, 그들이 나를 얼마

나 조롱했겠소? 그러니 이것은 특히나 어리석은 주장이오. 제우스 신을 걸고 묻겠소. 당신은 내가 어떤 신도 믿지 않는다고 보시오?

멜레토스: 제우스 신께 맹세컨대, 당신은 신의 존재를 결코 믿지 않습니다.

소크라테스: 멜레토스, 자네가 하는 말을 도저히 믿을 수가 없소. 자네야말로 신을 믿지 않고 있구려.

아테네 시민 여러분! 멜레토스는 정말 무례하고 무절제하며, 순전히 거만함으로 까닭 없이 이러한 고발을 했다고 생각됩니다. 그는 마치 수수께끼를 만들어 사람들이 어떻게 생각하는지 실험하려는 것처럼 보입니다. '소크라테스는 현명하니, 내가 하는 농담을 듣고 과연 스스로 모순되는 것을 알 수 있을까? 그와 내 말을 듣는 모든 이들을 내가 속일 수 있을까?'와 같이 생각하면서 말입니다. 내 생각에 그는 자신의 고발장에 분명히 모순되는 말들을 진술했습니다. '소크라테스는 신들이 존재한다는 것을 믿는다고 말하면서 다른 한편으로는 신들의 존재를 믿지 않는 악덕을 행하고 있다'고 말했습니다. 이것은 분명히 가벼운 말장난 같은 행동에 불과합니다.

아테네 시민 여러분! 이제 내가 무슨 근거로 이렇게 [15] 말하는지 살펴보겠습니다. 그리고 당신, 멜레토스. 대답

소크라테스의 변론

해 보시게. 아울러 여러분께서는 처음에 부탁드렸던 것처럼, 내가 평소대로 말하더라도 야유를 보내지 말아주시길 부탁합니다.

멜레토스, 인간 사이의 여러 일들이 존재한다고 믿으면서도, 그 일을 행한 사람이 존재한다고 믿지 않는 사람이 있겠소? 재판관님들, 그가 대답하도록 해주십시오. 진심으로 대답을 듣고 싶습니다. 말(馬)이 있다고는 믿지 않으면서 말과 관련된 일은 믿는 사람이 있겠소? 또는 피리 부는 사람이 있다고는 믿지 않으면서 피리 부는 법이 있다는 것을 믿는 사람이 있겠소?

당신이 대답하기를 꺼리는 것 같으니, 내가 당신과 여기에 있는 모든 이에게 대답하겠습니다. 그 답은 바로 '없습니다'입니다. 멜레토스, 다음 질문에는 꼭 답을 해주시오. 다이몬(초월적인 힘)과 관련된 것들이 있다고 믿으면서 다이몬이 있다고는 믿지 않는 사람이 있겠소?

멜레토스: 없습니다.

소크라테스: 당신은 재판관들 덕분에 마지못해 답을 하는군요. 하지만 어쨌든 대답을 해주니 고맙소. 그런데 당신은 내가 다이몬과 관련된 것을 믿고 가르친다고 주장하였소. 그 다이몬들이 새로운 존재이든 오래된 존재이든 말이오. 그러므로 당신의 주장에 따르면, 나는 다이몬

과 관련된 것을 믿는 것이 분명하오. 이것은 당신이 고발장을 통해 고발한 내용이요. 그렇다면 내가 다이몬과 관련된 것을 믿는다는 말이고, 당연히 내가 다이몬이 있다고 믿는 것이 필연적이지 않소? 그렇지 않습니까? 당신이 대답하지 않으니 그렇다고 동의한다고 가정하고 더 말하겠소.

그런데 우리는 분명히 다이몬이 신이거나 신의 자손으로 인정하고 있지 않소? 그렇소?

멜레토스: 확실히 그렇소.

소크라테스: 내가 다이몬이 있다고 인정한다고 당신도 인정했소. 만약에 다이몬이 일종의 신이라면, 당신은 내가 신이 없다고 생각하면서 동시에 신이 있다고 인정한다고 앞뒤가 안 맞게 말하고 있소. 결국 나는 당신이 수수께끼를 내듯 말장난을 하고 있다는 결론에 도달할 수밖에 없소.

또 다이몬이 님프나 다른 존재들로부터 태어난 신들의 자손이라면, 신들의 자손은 존재하지만 신들은 존재하지 않는다고 믿을 사람이 과연 있겠소? 그것은 말과 나귀의 자손인 노새는 존재하지만, 말과 나귀는 존재하지 않는다고 생각하는 것처럼 터무니없는 생각이오.

멜레토스, 당신이 나를 시험하거나 나에 대해 실제로

고발할 만한 범죄를 찾지 못했기 때문에 이런 이유로 나를 고발했다는 것 말고는 다른 이유를 찾을 수가 없소. 누구든 조금이라도 이성을 가진 사람이라면, 한 사람이 다이몬과 신에 관련된 것을 믿으면서도, 다이몬과 신과 영웅이 없다는 주장에 설득당할 리가 있겠소.

[16]　아테네 시민 여러분! 나는 멜레토스가 고발장에 쓴 그런 불법을 저지르지 않았기 때문에 길게 변론할 필요가 없다고 생각합니다. 내가 앞서 말한 것으로 충분합니다.

그리고 내가 처음 말했던 것처럼, 나에 대한 대중의 적대감이 큰 것은 사실입니다. 만약 내가 유죄 판결을 받는다면, 그것은 멜레토스나 아니토스 때문이 아니라 바로 대중의 모함과 시기 때문일 것입니다. 이러한 이유로 이미 다른 많은 사람, 그것도 훌륭한 사람들이 유죄를 받아왔으며, 앞으로도 여러 사람들이 같은 이유로 유죄를 받을 수 있다고 생각합니다. 그런 대중의 시기와 모함이 나에게서 완전히 끝날 리가 없기 때문입니다.

누군가는 이렇게 말할지도 모릅니다. "소크라테스, 당신은 자신을 죽음의 위험 앞에 처하게 만든 철학을 추구하는 것이 부끄럽지는 않습니까?"라고 말입니다. 그럼 나는 분명히 이렇게 대답할 것입니다. "당신은 잘못 말하고 있습니다. 친구여, 당신은 마치 '조금이라도 가치가 있는 사람이라면, 어떤 행동을 할 때 이 행동이 정의로운지 아닌지, 또 선한 자가 할 일인지 아니면 악한 자가 할 일인지를 고려해서는 안 되고, 이 행동이 죽을 위험이 있는지 아닌지는 반드시 고려해야 한다.'라고 말하는 것과 같습니다."

당신의 논리에 따른다면, 트로이에서 죽은 모든 반신, 특히 테티스의 아들을 포함한 모든 이가 보잘것없는 사람이 됩니다. 테티스의 아들 아킬레우스는 치욕스러움을 참기보다는 모험을 쫓는 일을 선택했습니다. 그래서 헥토르를 죽이고 싶어 하는 아킬레우스에게 여신이었던 그의 어머니가 이렇게 말을 했다고 생각합니다.*"내 아들아, 네가 너의 친구 파트로클로스의 죽음에 대한 복수로 헥토르를 죽인다면 너도 역시 죽게 될 것이다. 헥토르가 죽고 나면 다음 차례는 네가 될 것이란다."

그는 이 말을 듣고도 죽음과 위험을 경멸하며, 친구의 죽음에 대한 복수를 하지 않고 비겁하게 살아가는 것을 훨씬 더 두려워하며 이렇게 말했습니다. "죄를 저지른 자에게 처벌을 가하고 내가 즉시 죽는 것이 차라리 낫습니다. 내가 저 구부러진 배들 곁에서 조롱의 대상이 되고,

---

* 《일리아드》, lib. xviii. ver. 94, etc.

이 땅에 짐이 되는 꼴로는 머물고 싶지는 않습니다."라고 말입니다. 당신은 그가 자신의 죽음과 위험에 대해 조금이라도 신경을 썼다고 생각합니까?

아테네 시민 여러분! 진실로 어떤 사람이 자신이 더 낫다고 생각한 곳에 있거나, 혹은 자신의 상관에 의해 그 자리에 서게 되었다면, 죽음이나 다른 어떤 것보다 치욕적이지 않은 것을 중요하게 생각하며 그 어떤 위험에도 맞서 그 자리를 지켜야 한다고 생각합니다.

[17] 아테네 시민 여러분! 여러분이 뽑은 장군들이 나에게 포테이다이아, 암피폴리스, 델리온에서 어느 곳을 지키라고 명령했을 때, 나는 배치된 그곳에서 죽음의 위협을 무릅쓰며 다른 이들과 같이 끝까지 머물렀습니다. 그러다가 신의 명령에 따라 철학을 연구하며 나 자신과 다른 이들을 탐구하는 삶을 살았습니다. 하지만 만약에 내가 죽음이나 다른 두려움 때문에 신의 명령과 내 자리를 지키지 않았다면, 누구든지 나를 재판에 세워 신을 믿지 않는다고 비난하며, 신탁을 따르지 않고 죽음을 두려워하며, 내가 알지도 못하는 것을 안다고 생각한다고 비난할 수 있을 것입니다.

아테네 시민 여러분! 죽음을 두려워하는 것은 결코 현명하지 못하면서도 현명한 척하는 것과 마찬가지입니다.

또한 자신이 알지도 못하면서 안다고 생각하는 것과도 같습니다. 어떤 사람도 죽음이 인간에게 가장 큰 선인지 아닌지 알지 못합니다. 하지만 사람들은 죽음을 마치 가장 큰 악인 것처럼 생각하며 두려워합니다. 알지도 못하는 것을 안다고 생각하는 것이야말로 가장 비난받을 만한 무지함이지 않습니까?

아테네 시민 여러분! 내게 대부분의 사람과 다른 점이 있다면 아마도 그것은 내가 죽음 이후 하데스에서의 일들에 대해 알지 못한다고 생각하는 것처럼, 내가 대단한 지식을 가지고 있다고도 생각하지 않는다는 것입니다. 하지만 정의롭게 행동하지 않는 것, 신이나 인간을 막론하고 상관의 명령을 거역하는 일은 악하고 비열하다고 알고 있습니다. 따라서 내가 알지 못하여 선일지도 모를 일들을, 내가 알고 있는 악한 일들보다 더 두려워하거나 피하지는 않을 것입니다.

아니토스의 주장이 받아들여지지 않고 저를 석방한다고 하더라도, 그는 이렇게 말할 것입니다. "소크라테스는 결코 이곳에 나타나서는 안 됩니다.* 만약에 나타난다면 그를 죽일 수밖에 없습니다. 왜냐하면 소크라테스가 풀

---

* 크리톤 중 [5] 참고.

려난다면, 그가 가르치는 것을 배우는 여러분의 아들들은 모두 완전히 타락할 것이기 때문입니다."라고 말입니다. 그리고 만약에 여러분이 나에게 "소크라테스, 우리는 아니토스의 주장을 받아들이지 않고 당신을 풀어주겠소. 하지만 조건이 있소. 당신은 더 이상 연구를 계속하거나 철학을 탐구해서는 안 됩니다. 그리고 만약에 이후에 당신이 그런 연구 행위를 계속한다면 죽음을 면치 못할 것입니다."라고 말한다면 나는 이렇게 답할 것입니다.

"아테네 시민 여러분! 나는 여러분을 존경하고 사랑합니다. 하지만 나는 여러분보다는 신의 명령을 따르겠습니다. 내가 숨 쉬고 있는 한, 내가 할 수 있는 한, 철학 공부를 멈추지 않을 것이며, 내가 늘 지금까지 해왔던 것처럼, 여러분 중 만나는 누구에게든 권면하고 경고를 할 것입니다. 위대한 당신들은 지혜와 힘으로 가장 명성이 높은 위대한 나라 아테네의 시민들입니다. 그런 당신들이 부를 얻는 방법이나 그것을 가장 많이 축적하는 데에만 신경 쓰고 명예와 영광에만 지대한 관심을 가지면서, 정작 지혜와 진리, 그리고 자신의 영혼을 어떻게 하면 가장 완벽하게 만들 수 있을지에 대해서는 아무런 관심이나 생각도 하지 않는 것이 부끄럽지 않습니까?"

만약 누군가 내가 한 말에 이의를 제기하면서 자기는

그런 것에 신경을 쓴다고 주장한다면, 나는 그를 떠나지 않고 붙잡고 늘어져 그를 시험하고 검증할 것입니다. 그리고 그가 실제로 덕을 지니지 않았으면서도 그것을 가졌다고 가장한 면모가 드러난다면, 나는 그가 가장 가치 있는 것들을 가장 하찮게 여기면서도 가장 하찮은 것을 가장 중요하게 여긴다고 비난할 것입니다. 그 사람이 젊은이든 노인이든, 외국인이든 시민이든 상관하지 않고 만나는 모든 사람에게 그렇게 행동할 것입니다. 특히, 여러분과 같은 나의 동료 시민들에게는 더욱 그렇게 할 것입니다. 왜냐하면 이것이 신이 나에게 한 명령이라고 믿기 때문입니다.

여러분의 도시 아테네에 신을 섬기는 일에 대한 나의 열정보다 더 큰 선물은 없다고 생각합니다. 왜냐하면 나는 다른 일을 하지 않고 젊은이든 늙은이든 오직 여러분을 설득하는 일에 온전히 힘쓰고 있기 때문입니다. 몸이나 재물을 우선시하며 거기에 지나치게 신경 쓰지 말고, 어떻게 하면 영혼이 가장 완벽해질 수 있는지를 더욱 중요하게 여기라고 나는 말합니다. 미덕은 부에서 나오지 않지만 인간이 받을 수 있는 모든 부와 축복은 전부 미덕에서 비롯된다고 전하고 있습니다.

만약에 내가 이런 말을 하면서 젊은이들을 타락시킨

다면, 그러한 가르침은 분명히 악합니다. 하지만 내가 이외에 다른 말을 한다고 주장한다면, 그것은 터무니없는 거짓말입니다.*

그러므로 아테네 시민 여러분! 나는 여러분이 아니토스의 말을 따르든 따르지 않든, 나를 풀어주든 말든, 내 행동을 절대 바꾸지 않을 것입니다. 설령 내가 여러 번 죽음을 맞이해야 한다고 해도 말입니다.

[18]   아테네 시민 여러분! 내가 시작할 때 요청했던 것처럼 야유하지 말고 조용히 잘 들어봐 주십시오. 제 말을 경청하면 여러분이 이로울 것입니다. 이제 다른 말을 하려는데, 아마도 여러분은 그 말에 야유를 보내고 시끄럽게 하고 싶을 테지만 부디 그렇게 하지는 말아주십시오. 대신에 확실히 알아두십시오. 내가 어떤 사람인지 이미 말했는데도 여러분이 나를 사형시킨다면, 여러분은 나보다 여러분 자신에게 더 큰 해가 갈 결정을 하게 되는 것입니다. 멜레토스나 아니토스는 결코 나에게 해를 입히지 못합니다. 그들에게는 그럴 힘이 없습니다. 왜냐하면 더 선한 사람이 더 악한 사람에게 해를 입는 것이 가능하다

---

* Ουδεν λεγει는 문자 그대로는 '그는 아무것도 말하지 않았다'로 '사람들이 착각하거나, 혹은 당신에게 강요한다'는 의미다.

고 생각하지 않기 때문입니다. 그들이 나를 사형시키거나 추방하거나 시민권을 박탈할 수는 있겠지요. 사람들은 그렇게 하면 나에게 큰 해악이 될 거라고 생각할 것입니다. 하지만 지금 그들이 하는 행동, 즉 사람을 부당하게 죽이려는 그 시도가 훨씬 큰 해악임을 기억해야 합니다.

그러므로 아테네 시민 여러분! 이것은 여러분을 위해 하는 말이지, 많은 사람이 생각하듯 나 자신을 위해 하는 변론이 아닙니다. 이는 나를 유죄로 판결하면서 여러분 자신에게 잘못을 저지르지 않도록 하기 위함입니다. 여러분이 나를 사형시킨다면, 여러분은 나와 같은 사람을 다시는 쉽게 찾지 못할 것입니다.

내 입으로 이런 말을 하면 좀 건방지게 들릴지도 모르지만, 나는 이곳에 살도록 신께서 여러분에게 보내주신 선물 같은 존재입니다. 이 나라는 살찌고 둔하면서도 고귀한 혈통을 지닌 말과 같아서, 정신을 차리고 깨어 있으려면 계속해서 괴롭히는 쇠파리와 같은 존재가 필요합니다. 그래서 신께서 나 같은 사람을 이 나라에 보내어 여러분을 일깨우고 설득하고 꾸짖으며 계속 깨어 있도록 도우셨습니다. 아테네 시민 여러분! 나와 같은 사람이 또다시 쉽게 절대 나타나지 않을 것입니다. 그러니 내 조언을 따라 나를 살려두는 편이 좋을 것입니다. 하지만 여러분은 잠에서 갓 깨어나 여전히 졸린 사람처럼 화를 내듯이 나를 치고, 아니토스의 말에 넘어가 나를 죽이는 경솔한 판결을 할지도 모릅니다. 그러고 나면 여러분은 나머지 삶을 잠에 빠진 채로 보내게 될 것입니다. 신께서 여러분을 돌보셔서 또 다른 사람을 보내지 않는 한 말입니다. 내가 신께서 이 나라에 보내주신 사람임은 다음과 같은 사실을 통해 알 수 있습니다.

나는 아주 오랫동안 개인적인 일들은 모두 소홀히 하며 사적인 이익을 방치한 채, 오직 여러분을 위한 일에만 집중하며, 마치 아버지나 형제처럼 여러분 각자에게 미덕을 추구하며 살도록 설득해 왔습니다. 만약에 내가 이런 일로부터 어떤 이익을 얻었거나 충고에 대한 대가를 받았다면, 다른 의도를 의심할 수 있을 것입니다. 하지만 이제 여러분도 보시다시피, 나를 무참히 비방한 고발자들조차도 이 점에 대해서는 감히 저를 비난하지 못합니다. 제가 한 번이라도 대가를 요구하거나 받은 적이 있다는 증언을 해줄 증인을 저들은 데려오지 못했습니다. 제 빈곤이야말로 제가 진실을 말하고 있다는 충분한 증거가 될 것입니다.

[19]   그러나 내가 사적으로는 이렇게 분주하게 다니며 여러분께 조언을 하면서도, 공적인 자리에 참여해 나라를

위한 조언을 하지 않는 행적이 이상해 보일 수 있습니다. 내가 그렇게 하는 이유에 대해서는 이미 여러 곳에서 자주 얘기해 왔기 때문에 많은 사람이 알고 있을 것입니다. 그것은 바로 신적이고 영적인 영향 때문인데, 멜레토스가 고발장에 이와 관련한 내용을 조롱하며 언급한 바 있습니다.

신의 영향은 어린 시절부터 나와 함께해 왔으며, 일종의 목소리로 들려왔습니다. 그 목소리는 내가 무엇을 하려고 할 때 어떤 일은 하지 못하도록 막았습니다. 하지만 어떤 일을 하라고 강요한 적은 한 번도 없습니다. 바로 그 음성이 내가 오래전부터 공적인 정치에 관여하지 못하게 막았습니다. 그 음성이 그렇게 나를 막았던 것은 잘된 일이었다고 생각합니다. 만약에 내가 오래전부터 정치에 참여하려고 했다면, 나는 한참 전에 이미 죽음을 맞이했을 것이고, 여러분에게나 나 자신에게나 전혀 이로움을 주지 못했을 것입니다. 내가 진실을 말한다고 화를 내지는 마십시오.

일찌감치 정치에 참여했다면 이미 죽었을 거라고 말하는 이유는 이렇습니다. 내가 만약 정치에 참여해 진정으로 정의를 위해 싸우며, 여러분이나 다른 다수의 무리에 반대하고, 이 나라에서 일어나는 많은 부당하고 불법

적인 행위를 막으려 했다면, 오히려 안전하게 살아남을
수가 없었을 것입니다. 진심으로 정의를 추구하는 사람
이라면, 그리고 그가 잠시라도 안전하게 살기를 원한다
면, 반드시 공적인 일에 관여하지 말고 사적인 삶을 살아
야 합니다.

[20]   이에 대한 강력한 증거를 여러분께 제시하겠습니다.
여러분이 중요하게 여기는 사실로써 말입니다. 그러니,
자 들어보십시오. 나는 죽음을 두려워하여 정의에 반하
는 일인 줄 알면서도 누군가에게 굴복하는 일은 없을 것
입니다. 또한 굴복하지 않으면 죽는다는 사실을 알더라
도 절대 굴복하지 않을 겁니다. 여러분이 불쾌하고 지루
해할 수도 있겠지만*, 나는 진실한 이야기를 들려드리겠
습니다.

아테네 시민 여러분! 나는 이 도시에서 어떤 공직도
맡은 적이 없지만, 원로회 의원이 되었던 적은 있습니다.
그 당시 해전에서 희생된 이들을 구조하지 않았던 열 명
의 장군들이 한꺼번에 재판에 회부되었을 때, 우리 안티
오케아 부족이 집행 위원회를 주재하게 되었습니다. 이

---

*   고트프리드 스탈바움의 플라톤의 저작에 대한 해석의 권위가 아니었다면,
    나는 δικανικα을 '법정의'라고 번역했을 것이다. 즉, 법정에서 변호사들이
    사용할 만한 논증을 의미한다.

후에 그들을 그렇게 집단적으로 처벌하는 것은 불법이라고 생각했지만, 그 당시에는 위원회에서 나만이 유일하게 법에 어긋나는 행위를 하는 데 반대하는 투표를 했습니다. 그때 여러 사람이 나를 고발하고 법정에 세우려 했으며, 여러분은 그런 그들을 독려하고 지지했습니다. 그러나 나는 감옥에 갇히거나 죽는 것을 두려워하지 않았고 여러분의 부당한 행동에 동참하지 않았습니다. 그 대신 법과 정의를 따르며 위험을 감수하는 편이 더 낫다고 생각했습니다. 이것은 이 나라가 민주정 때에 일어난 일입니다.

그러나 나라가 과두정 체제로 바뀌었을 때, 삼십 인의 참주들은 나와 네 명을 톨루스로 불러들여, 살라미스 사람인 레온을 데려와 처형하라는 명령을 내렸습니다. 그리고 그들은 최대한 많은 사람에게 죄를 씌우고 그 사람들에게 비슷한 명령을 내렸습니다. 그러나 그때 나는 말이 아니라 행동으로, 죽음을 조금도 두려워하지 않는 모습을 보여줬습니다. 다소 거친 표현일 수 있지만 나의 모든 관심은 부당하거나 신성하지 않은 일을 하지 않는 데에 있었습니다. 그 정권은 강력했지만 내가 부당한 행동을 하도록 만들지는 못했습니다. 우리들은 명령을 받고 나왔고, 나머지 네 명은 살라미스로 레온을 잡으러 갔습니다만 나는 집으로 돌아왔습니다. 만일 그 정권이 무너지지 않았다면, 아마도 나는 그 일로 처형되었을지도 모릅니다. 이 일에 대해서는 역시 많은 증인이 있습니다.

[21]   내가 정치를 하면서도 선한 사람으로서 마땅히 해야 할 일을 최우선으로 여기며 행동했다면, 이렇게 오랜 세월을 살아남을 수 있었을까요? 결코 그럴 수 없었을 것입니다. 아테네 시민 여러분! 다른 어떤 사람도 그럴 수 없었을 것입니다. 나는 내 평생 공적으로나 사적으로나 어떤 일을 하든, 항상 한결같은 사람으로서 정의에 반하는 일에 굴복한 적이 단 한 번도 없습니다. 다른 사람에게나 나를 모함하는 이들 중 내 제자라고 주장하는 이들에게도 결코 정의에 반하는 일을 하지 않았습니다.

또한 나는 결코 누구의 스승도 아니었습니다. 다만 누군가가 나의 말을 듣고 싶어 하거나, 내가 임무를 수행하는 모습을 보고 싶어 한다면, 그가 젊은이든 노인이든 절대 거절하지는 않았습니다. 나는 돈을 받으면서 이야기하고 돈을 받지 않으면 이야기하지 않는 그런 사람이 아닙니다. 부유한 사람이든 가난한 사람이든 똑같이 질문할 수 있도록 허락했으며, 누구든 원한다면 나에게 대답하거나 내가 하는 말을 들을 수 있도록 했습니다.

나는 그들에게 어떤 가르침을 약속한 적도 없으며 실

제로 가르친 적도 없으므로, 그들 중 누가 훌륭하게 되든 또는 그렇지 않든 나에게 그 책임을 돌리는 것은 옳지 않습니다. 만약에 누군가가 나에게 개인적으로 무언가를 배운 적이 있거나 다른 이들이 듣지 못한 것을 들었다고 주장한다면, 반드시 알아두십시오. 그들은 진실을 말하지 않는 것입니다.

그렇다면 왜 어떤 사람들은 나와 그렇게 오랜 시간을 [22] 함께 보내며 즐거워했을까요? 아테네 시민 여러분! 여러분은 제가 말한 모든 진실을 들으셨습니다. 사람들은 자신이 지혜롭다고 생각하지만 실제로는 그렇지 않은 사람들에게 질문하고 철저히 검증하는 과정을 즐거워합니다. 이 과정은 결코 불쾌한 일이 아닙니다. 제가 앞서 말했듯이, 이것은 신의 명령과 신탁과 꿈과 그리고 모든 인간에게 신성한 명령이 내려진 모든 방식에 의해 나에게 부여된 것입니다. 아테네 시민 여러분! 이것들은 모두 진실이며, 진실이 아니라면 쉽게 반박될 수 있을 것입니다.

만약 내가 지금 그 젊은이들을 부패시키고 있으며, 이미 다른 이들을 부패시켰다면, 분명히 그들 중 일부는 나이가 들어 내가 그들이 젊었을 때 했던 나쁜 조언들에 대해 기억하면서 이제 저를 비난하고 처벌해야 한다고 나서야 할 것입니다. 혹 그들 스스로 그렇게 하기를 꺼린다면, 그들의 친족들이, 즉 아버지나 형제 혹은 다른 친척들이 나로 인해 어떤 피해를 입었다면서 그것을 주장하며 나서야 할 것입니다.

그들 중 많은 이가 이 자리에 함께 있습니다. 나는 지금 그들을 보고 있습니다. 우선 크리톤이 와 있습니다. 그는 나와 나이도 같으며 같은 지역 출신으로, 여기 함께 있는 크리토불로스의 아버지입니다. 다음으로 스페투스에 살고 있는 리사니아스가 와 있고 그는 아이스키네스의 아버지입니다. 또 케피소스에 살고 있는 안티폰이 왔으며 그는 에피게네스의 아버지입니다. 그 밖에도 나와 가까운 관계를 유지했던 사람들의 형제들이 더 와 있습니다. 테오도토스의 형제로는 테오조티데스의 아들 니코스트라토스가 와 있는데, 테오도토스는 이미 죽었으므로 자기 형제에게 나에 대한 고발을 멈추는 걸 도와달라고 청할 수는 없을 것입니다. 그리고 여기에 푸랄로스도 있습니다. 그는 데모도코스의 아들이며 테아게스의 형제입니다. 아리스톤의 아들인 아데이만토스가 있는데, 그는 플라톤의 형제입니다. 또한 아폴로도로스의 형제인 아이안토스도 와 있습니다. 이 외에도 많은 사람의 이름을 더 언급할 수 있습니다. 멜레토스는 자신의 주장을 하면서 이들 중에 적어도 한 명은 증인으로 불러야 마땅했습니다. 그가 누군가를 증인으로 불러야 하는 것을 잊었다면, 지금이라도 불러 증언시키도록 하십시오. 나는 그가 그렇게 할 수 있도록 허락하겠습니다. 그가 증인을 통해 증언할 것이 있다면 말하도록 하십시오.

하지만 만약에 누군가 증언을 하게 된다면, 실제로는 이와 완전히 반대의 상황이 펼쳐질 것입니다. 아테네 시민 여러분! 여러분은 멜레토스와 아니토스가 내가 그들의 친족들을 부패시키고 해를 끼쳤다고 주장함에도 불구하고, 모두가 나를 돕기 위해 나서는 것을 보게 될 것입니다. 이미 부패한 이들이 나를 도와주러 왔다면 그 이유가 있으리라 생각됩니다. 피해를 보지 않은 사람들, 나이가 든 이들과 그들의 친족들이 저를 돕는 이유는 단 하나일 것입니다. 바로 정의롭고 올바르다는 이유입니다. 멜레토스가 거짓을 말하고 있으며 내가 진실을 말하고 있다는 사실을 그들은 알고 있기 때문입니다.

자, 아테네 시민 여러분! 내가 변론에서 드릴 말씀은 이 정도면 충분했다고 생각하고 여기까지 하겠습니다. [23] 더 얘기한다고 해도 비슷한 내용들일 것입니다.

아마도 여러분 중 일부는 자신이 겪은 경험을 떠올리며 분노할지도 모르겠습니다. 이보다 훨씬 덜 심각한 사건에 연루되어 왔음에도, 눈물을 흘리며 재판관들에게 간청하고, 자신의 아이들을 데리고 와서 최대한의 동정을 끌어내려고 노력하고, 친척이나 친구들까지도 동원했던 이들도 있었는데 말입니다. 나는 인생에서 가장 큰 위험에 처한 것처럼 보일 수 있지만, 그렇게까지 하지는 않으려 합니다. 여러분 가운데 몇몇 분은 나의 이러한 태도를 보고 더욱 분개하여 그러한 분노 속에서 나에 대한 판결을 내리려 할지도 모릅니다. 그런 분이 있으리라고는 생각하지 않지만, 만약 여러분 중에 누군가가 그렇게 느끼신다면 그렇다고 하더라도 나는 그분께 이렇게 말씀드릴 수밖에 없습니다.

"나에게도 역시 친족들이 있습니다. 호메로스의 표현을 빌리자면 '나는 나무에서 태어난 것도 아니고, 바위에서 나온 것도 아니며, 사람에게서 태어났기 때문'입니다. 아테네 시민 여러분! 나 또한 친족이 있으며, 이미 성인이 된 한 아들과 아직 어린 두 아들이 있습니다. 그런데도 나는 이들 중 누구도 여러분 앞에 데려와 저를 석방해 달라고 간청하지 않을 것입니다."

왜 그렇게 하지 않을까요? 아테네 시민 여러분! 이는 무례함 때문이 아니며, 여러분을 존중하지 않아서도 아닙니다. 이것은 내가 죽음을 앞두고 두려움을 느끼는지와는 또 다른 문제입니다. 나는 나 자신과 여러분과 이 국가 전체의 품격을 생각해 볼 때, 내 나이에 그리고 나와 같은 평판을 가진 사람이 그런 행동을 하는 것이 옳지 않다고 생각합니다. 나에 대한 이야기가 사실이든 아니든, 많은 사람이 내가 여러 면에서 일반인들보다 뛰어나다고 생각하고 있습니다. 그런데 만약에 지혜나 용기 혹은 또 다른 어떤 덕목에서도 뛰어나 보이는 이가 재판에서 자주 봐온 이들과 같은 행동을 한다면 수치스러운 일이 될 것입니다. 죽는 것을 끔찍한 일로 여기며 행동하다가도, 사형선고를 받지 않으면 마치 자신이 영원히 살 수 있는 듯 생각하는 사람들의 태도말입니다. 이런 사람들이 이 나라에 수치를 가져온다고 생각합니다. 외국인들이 그런 자들의 모습을 보면서, 아테네 사람들은 탁월한 미덕을 가졌고 공직이나 영예가 있는 이들인데도 불구하고, 사실상 보통의 여인네들보다도 나은 점이 하나 없다고 느낄지도 모릅니다.

따라서 아테네 시민 여러분! 우리처럼 명성을 얻은 사람은 이러한 행동을 해서는 안 됩니다. 그리고 만약에 우리가 그런 행동을 한다면, 여러분은 그것을 용납해서도 안 됩니다. 오히려 이런 자가 있다면 조용히 집행관들의 결정을 기다리는 사람들보다 훨씬 더 엄한 벌로 다스려야 한다는 것을 명확히 보여주셔야 합니다.

[24]   아테네 시민 여러분! 평판을 떠나, 나는 재판관에게 간청하거나, 또는 간청하여 그곳을 벗어나려고 하는 것은 옳지 않다고 생각합니다. 오히려 재판관에게는 있는 그대로 사실을 알리고 설득하는 것이 옳습니다. 재판관은 호의를 베풀기 위해서가 아니라, 올바르게 판단하기 위해 그 자리에 앉아 있습니다. 그들은 원하는 사람에게 호의를 베풀지 않고 법에 따라 판결하겠다고 맹세한 사람들입니다. 따라서 우리가 재판관 여러분들이 한 맹세를 어기도록 만들어서는 안 되며, 재판관 스스로도 그런 습관을 들여서도 안 됩니다. 그렇게 된다면, 우리 중 누구도 정의롭게 행동하는 것이 아닐 것입니다.

아테네 시민 여러분! 그러니 나에게 명예롭지 않고 옳지 않으며 신성하지 않은 행동을 하라고 요구하지 마십시오. 나는 다른 어떤 경우에도 그런 행동을 하지 않았으며, 특히 지금처럼 멜레토스가 저를 신성모독으로 고발한 상황에서는 더더욱 그렇습니다.

만약에 내가 재판관 여러분을 설득하면서 간청으로 맹세를 어기도록 압박한다면, 그것은 내가 여러분에게 신은 존재하지 않는다고 가르치는 셈이 될 것입니다. 그렇게 한다면, 변론하면서 오히려 내가 신들을 믿지 않는다고 스스로 고발하는 꼴이 됩니다. 그러나 이것은 전혀 사실이 아닙니다. 아테네 시민 여러분! 나는 나를 고발한 이들 중 그 누구보다도 신들을 믿습니다. 제가 믿는 바를 여러분과 신께 맡기니, 나와 여러분 모두에게 가장 이로운 판결을 내려주기를 부탁합니다.

> 소크라테스는 여기서 그의 변론을 마칩니다. 투표가 이뤄진 후 표결하여 다수의 표로 그에게 유죄가 선고됩니다. 그 후에 소크라테스는 다시 연설을 이어갑니다.

아테네 시민 여러분! 여러분이 나를 유죄로 판결한 것에 대해 슬퍼하지 않습니다. 그 이유는 여러 가지가 있겠지만, 여러 정황에 따라 이렇게 되리라고 예측할 수 있었습니다. 나는 이번 일이 이렇게 될 거라고 이미 예상했습니다. 오히려 양측의 투표수 차이에 더 놀랐습니다. 나는 훨씬 더 많은 표 차이로 유죄 판결을 받을 것이라고 예상했지만, 단 세 표만 더 반대편으로 넘어갔으면 무죄 판결을 받았겠더군요. 멜레토스가 고발한 부분에서 나는 이미 그를 상대로 무죄로 승리했다고 생각합니다. 그리고 이것은 단순한 승리가 아닙니다. 아마도 아니토스와 리콘이 나를 고발하러 여기 나타나지 않았다면, 멜레토스 [25]

는 고소인의 최소 득표 조건인 5분의 1도 채우지 못해 벌금 1천 드라크마를 물었을 것입니다. 이는 모든 사람들이 알고 있는 분명한 사실입니다.

[26]   그런데도 그는 나에게 사형을 선고할 것을 요구하고 있습니다. 아테네 시민 여러분! 좋습니다. 하지만 여기서 나는 스스로 어떤 형을 제의해야 할까요? 그것은 분명히 내가 받아야 할 알맞은 형량이어야 하겠지요. 그렇다면 무슨 형이어야 할까요? 내가 고통을 받거나 벌금을 내야 할까요? 평생 의도적으로 조용히 지내지 않고, 대부분의 사람들이 하는 돈벌이나 가정 문제, 군대를 지휘하거나 대중을 대상으로 하는 연설이나 시정의 모든 관직, 음모, 파벌 등에 얽매이지 않았다는 이유로 어떤 형벌을 받거나 벌금을 얼마나 물어야 하는지, 나는 잘 모르겠습니다.

내가 하지 않았던 그런 일들은 당신들에게나 나에게나 도움이 되지 않는다고 생각했습니다. 대신 나는 여러분 한 사람 한 사람에게 최대한 도움이 될 수 있는 일에만 오직 집중했습니다. 내가 여러분 각자를 붙잡고 설득하고자 했던 것은 여러분들이 자기의 사적인 일들에 신경을 쓰기 이전에 스스로를 돌아보며 가장 선하고 지혜로운 사람이 되는 일에 관심을 가져야 하며, 이 나라의 일들에 관심을 두기 이전에 먼저 이 나라 자체에 관한 관심을 가져야 한다는 사실이었습니다. 또한 다른 일들과 관련해서도 이와 같은 방식으로 관심을 가져야 한다는 내용이었습니다.

그렇다면 이런 일을 했던 사람은 도대체 어떤 대우를 받아야 할까요? 아테네 시민 여러분! 적어도 진정한 공로에 따라 평가받을 수 있다면, 나는 보상을 받을 자격이 있다고 생각합니다. 물론 나에게 적합한 보상이어야 할 것입니다. 그렇다면 가난하지만 사람들에게 은혜를 베풀며, 여러분에게 좋은 충고를 하기 위해 시간이 필요한 사람이 받을 만한 가장 적합한 보상은 무엇일까요? 아테네 시민 여러분! 그러한 사람은 정부에서 재정을 지원받는 것이 알맞을 것 같습니다. 내가 하는 일들은 올림픽에서 두 마리 또는 네 마리의 말로 마차 경주를 하여 우승을 거둔 뒤 후한 대접을 받는 일보다 훨씬 더 의미가 있습니다. 왜냐하면 그런 사람은 여러분을 즐겁게 할 뿐이지만, 나는 여러분을 진정으로 행복하게 만들기 때문입니다. 그리고 그들은 정부의 지원이 필요 없지만 나는 필요합니다. 그러므로 내가 나의 정당한 자격에 따라 판결을 내려야 한다면, 나는 정부에서 생활을 위한 지원을 받는 것, 그것으로 판결을 제의하겠습니다.

아테네 시민 여러분! 내가 한 말이 앞에서 여러분에 [27]

소크라테스의 변론

게 동정받기 위한 탄원 이야기와 마찬가지로 오만한 태도로 보였을지도 모르겠지만, 결코 그런 의도는 아니었음을 알아주시기를 바랍니다. 제 생각은 이렇습니다. 나는 의도적으로 그 누구에게도 해를 끼친 적이 없지만, 이에 대해 여러분을 설득할 수는 없습니다. 왜냐하면 우리는 서로 아주 짧은 시간 동안만 대화를 나눴기 때문입니다. 만약 다른 곳과 마찬가지로 아테네에도 사형 사건의 재판이 하루가 아니라 여러 날 동안 진행된다는 법이 있었다면, 여러분과 더 많은 대화를 할 수 있었을 것이고, 그러면 여러분은 제 말을 믿었을 겁니다. 그러나 이 짧은 시간 안에 지금까지의 엄청난 비방을 불식시키기란 정말 쉽지 않습니다.

나는 아무에게도 해를 끼친 적이 없다고 확신하기 때문에, 나 자신을 해치려는 의도 또한 전혀 없습니다. 그러니 내가 어떤 벌을 받을 자격이 있다고 스스로 판결하고 그러한 벌을 스스로 제시함으로써 나 자신을 부당하게 대하도록 두지 않겠습니다. 내가 무엇이 두려워 그렇게 하겠습니까? 죽는 것이 선인지 악인지도 알지 못한다고 이미 말했는데, 말레토스가 나에 대한 형벌로 제시한 사형을 내가 두려워하겠습니까? 그런데도 대신에 내가 분명히 악이라고 생각되는 형벌을 선택하고 그것을 제시해야 할까요? 제가 감옥을 선택해야 할까요? 그렇다면 저는 감옥에 갇혀 간수들의 노예로 살아가야 할까요? 아니면 내가 벌금을 내고, 그것을 다 낼 때까지 감옥에 갇히는 것을 선택해야 할까요? 하지만 앞서 언급했듯이 나는 벌금을 낼 돈이 없으니 결국 벌금형은 감옥에 갇히는 것이나 마찬가지입니다.

그렇다면 제가 추방형을 제시해야 할까요? 아마도 여러분은 이 선고가 나를 위한 형벌로 적당하다고 생각할 수도 있습니다. 그러나 내가 이것을 선택한다면 내가 내 삶에 집착하는 사람이 되고 말 것입니다. 아테네 시민 여러분! 여러분은 나와 같은 시민이지만 나의 토론이나 말을 참고 견딜 수 없어 했으며, 그것으로 인해 나는 결국 여러분을 귀찮게 하는 증오의 대상이 되었습니다. 그래서 여러분이 거기에서 벗어나려고 나를 추방한다면, 다른 나라 사람이라고 나를 견딜 수 있겠습니까? 아테네 시민 여러분! 제 나이에 이 나라에서 저 나라로 떠돌아다니며 사는 삶이 얼마나 비참할지 잘 알고 계실 겁니다. 다만 어디를 가든지 여기서처럼 젊은이들이 나의 이야기를 들으려고 할 것임을 잘 알고 있습니다. 만약 내가 그들을 거부한다면, 그들이 또 어른들을 설득하여 나를 쫓아낼 것입니다. 그러나 내가 그 젊은이들을 거부하지 않는다면, 또 그들의 부모와 친척들이 저를 찾아와 다시 추방할 것입니다.

[28]   아마도 어떤 이는 이렇게 말하기도 할 것입니다. "소크라테스, 당신은 우리를 떠나 조용하고 평온한 삶을 살수는 없나요?"라고 말입니다. 그런데 이런 질문에 대한 내 생각을 여러분께 이해시키기란 가장 어려운 일입니다. 내가 침묵을 지키며 조용히 사는 것은 신의 명령을 어기는 것이므로 그럴 수 없다고 답한다면, 여러분은 내 말을 있는 그대로 듣지 않고 농담이라고 생각할 것입니다. 그리고 내가 매일 미덕과 그와 관련된 여러 주제들에 관해 이야기하며 나 자신과 타인을 성찰하는 삶이 인간에게 가장 큰 선이며, 성찰 없는 삶은 살 가치가 없다고 얘기한다면, 여러분은 역시 믿지 않을 것입니다. 그러나 아테네 시민 여러분! 제가 말하는 이 주장은 모두 사실입니다. 하지만 이 사실에 대해 여러분을 설득하는 것은 쉽지 않습니다.

그리고 동시에 나는 나 스스로가 어떤 악행도 저질렀다고 생각하지 않습니다. 만약 내가 돈이 있었다면, 내가 감당할 수 있는 액수의 벌금을 내겠다고 제안했을 것입니다. 그랬다면 아무런 해를 입지 않을 테니까요. 그러나 나는 지금 그렇게 할 수가 없습니다. 여러분이 내가 감당할 수 있는 액수로 벌금을 정해주시면 모르겠습니다만 아마도 은 1므나 정도는 낼 수 있을 것입니다. 그러므로 나 자신에게 이 정도 액수의 벌금을 부과하겠다고 제시하겠습니다. 그러나 여기 있는 플라톤, 크리톤, 크리토불루스, 아폴로도로스가 나에게 30므나로 벌금을 부과하라고 권유하며, 그들이 보증을 서겠다고 합니다. 그러므로 30므나 벌금형을 제시하겠습니다. 저들이 그 금액에 대해 충분히 보증할 것입니다.

　　이후 재판관들은 판결을 내려 소크라테스에게 사형을 선고했고, 그는 다시 말을 이어갔습니다.

　아테네 시민 여러분! 오래지 않은 시간이 지나, 여러 [29] 분은 이 나라를 헐뜯으려는 자들로부터 현명한 사람 소크라테스를 죽인 자들이라는 비난과 악평을 듣게 될 것입니다. 당신들을 헐뜯으려는 자들은 내가 현명한 사람이라고 주장할 것입니다. 비록 내가 그렇지 않더라도 말입니다. 만약 여러분이 조금만 더 기다렸다면, 내가 죽는 일이 자연스럽게 일어났을 것입니다. 내 나이를 보십시오. 인생의 막바지에 이르러 이미 죽음이 가까운 상태입니다. 그러나 내가 지금 하는 이 말은 듣고 있는 여러분 모두에게 하는 말은 아닙니다. 오직 나를 사형에 처하게 한 자들에게만 하는 말입니다. 나는 그 사람들에게 이것도 말하고 싶습니다. 아테네 시민 여러분! 아마도 당신들은 내가 설득력 있게 변론하지 못해서 유죄 판결을 받았다고 생각할지도 모릅니다. 내가 여러분을 설득하기 위해 적합하지 않은 방법을 사용하거나 제대로 말하지 않아서 처벌을 피할 수 없었다고 말할지도 모릅니다. 그러나 그것은 사실이 아닙니다. 나에게 분명히 부족한 부분이 있습니다. 하지만 그 부족한 부분은 논증이 아니라 뻔뻔함과 비굴함과 여러분이 듣고 좋아할 만한 말을 하려는 의지입니다. 만약에 내가 한탄하고 애통해하며 내가 생각하기에 부끄러운 말을 해대며 다른 사람들이 흔히 하는 행동들을 따라했다면 어땠을까요? 나는 그런 방법으로 위험을 피하려 하지 않았습니다. 지금도 그렇게 변론한 것을 후회하지 않습니다. 그렇게 살아날 바에는 차라리 지금처럼 죽음을 선택하겠습니다.

재판장에서나 전쟁터에서나, 무슨 짓을 해서라도 목숨을 부지하려고만 하면 안 됩니다. 전쟁터에서 어떻게든 살고자 하여 무기를 버리고 공격해 온 적에게 항복한다면 목숨을 구할 수도 있습니다. 그리고 그 밖에 다른 위험에 처할 때도 살기 위해서 어떤 일도 감수하겠다는 태도를 보이는 사람을 볼 수 있습니다. 그러나 아테네 시민 여러분! 죽음을 피하는 것은 그리 어렵지 않습니다. 오히려 타락을 피하는 일이 훨씬 더 어렵습니다. 왜냐하면 타락은 죽음보다 더 빠르게 오기 때문입니다. 나는 이제 나이가 들어 느리고, 더 느린 죽음에 붙잡혔습니다. 그러나 나를 고발한 자들은 젊고 강인함에도 더 빠른 타락에 붙잡히고 말았습니다. 이제 나는 사형선고를 받고 죽음의 길로 떠나지만, 여러분 역시 불의와 부정의의 죄로 진실에 의해 유죄 판결을 받았습니다. 나는 내 판결을 받아들이고, 여러분 또한 그 판결에 복종해야 합니다. 이 모든 것은 숙명적인 일로 나는 지금 이것이 나에게 가장 좋은 일이라고 생각합니다.

다음으로 나에게 유죄를 판결한 여러분에게 여러분의 [30] 운명을 예언하고자 합니다. 지금 나는 죽음이 앞에 와 있는 상태이기에 예언을 가장 잘 할 수 있는 때라고 생각합니다. 그러니 나에게 사형을 선고한 아테네 시민 여러분! 여러분들은 내가 죽은 후, 제우스 신을 걸고 맹세하건대, 여러분이 나에게 내린 사형선고보다 훨씬 더 무섭고 견디기 어려운 가혹한 형벌을 받게 될 것입니다. 여러분은 비난을 피하고 간섭받지 않기 위해 이러한 일을 저질렀겠지만, 정반대의 결과가 여러분께 일어날 것입니다. 내가 지금까지 잘 막고 있었지만, 여러분들이 알아차리지 못했던 많은 고발자가 있을 것입니다. 그들은 더 젊기 때문에 그만큼 더 과격할 것입니다. 여러분은 그들에 대해 더 큰 분노를 느끼게 되겠지요. 만약 여러분이 사람을 죽임으로써 누군가가 여러분이 잘못된 삶을 살고 있다고 비난하는 것을 막을 수 있으리라 생각했다면, 그것은 아주 큰 착각입니다. 이렇게 무언가를 피하려는 방법은 불가능할 뿐만 아니라 명예롭지도 않습니다. 그러나 다른 방법, 즉 스스로를 돌아보며 어떻게 하면 가장 완벽한 삶을 살아낼 수 있을지에 대해 관심을 갖는 것이 가장 명예롭고 가장 쉬운 방법입니다. 나에게 유죄를 판결한 여러분에게 이 정도로 예언을 하고 이제 저는 여러분에게는 작별을 고합니다.

[31] 나에게 무죄로 표를 준 여러분과 이번 일과 관련하여 기꺼이 이야기를 나누고 싶습니다. 지금 관리들이 바빠서 나를 아직 끌고 가지 않았으니 그동안만이라도 말입니다. 그러니 아테네 시민 여러분, 이 짧은 시간 동안이라도 저와 함께 머물러주십시오. 지금은 우리의 대화를 방해할 것이 아무것도 없으니, 나의 친구들인 여러분께 지금 나에게 일어난 일이 어떤 의미인지 이야기하고 싶습니다. 그러니 나의 재판관 여러분, 여러분을 재판관이라

고 부르는 것이 옳을 것 같습니다.

나에게는 정말 놀라운 일이 일어났습니다. 이전에는 사소한 일에서조차 내가 잘못된 일을 하려고 하면 나의 수호신의 예언적인 음성이 들려와 항상 나를 막으셨습니다. 그런데 이제 여러분도 보시다시피, 누가 보더라도 그리고 일반적으로 가장 큰 불행이라고 여기는 일이 내게 일어났습니다. 하지만 오늘 아침에 내가 집을 떠날 때도, 여기 재판장에 도착했을 때도, 또 변론하며 어떤 말을 하려고 할 때도 신의 목소리가 나를 방해하지 않았습니다. 이전에는 내가 말하던 중에도 자주 그 목소리가 나를 멈추곤 했는데, 이번 재판 과정에서는 내가 어떤 행동을 할 때나 말할 때 단 한 번도 나를 막아서지 않았습니다.

그렇다면 왜 그 목소리가 이번에는 나를 막아서지 않았을까요? 그것을 여러분에게 설명하겠습니다. 내게 닥친 이 일이 축복이기 때문입니다. 죽음이 악이라고 생각하는 우리가 옳지 않다는 것을 보여주는 일이지요. 나에게는 이것이 축복임을 증명하는 중요한 증거가 있습니다. 만약 내가 좋은 일을 겪게 되는 것이 아니었다면, 늘 그랬듯이 경고하는 목소리가 나를 막지 않았을 리가 없기 때문입니다.

그렇다면 우리는 죽음이 실은 축복이라는 큰 희망을 [32]

품을 수 있다고 결론 내릴 수 있습니다. 왜냐하면 죽음은 다음의 두 가지 중 하나이기 때문입니다. 죽은 사람은 완전히 소멸하여 아무런 감각도 느끼지 못하거나, 혹은 얘기되는 것과 같이, 영혼이 한 장소에서 또 다른 장소로 옮겨가는 어떤 변화와 이동이 있을 수 있습니다.

만약에 죽음이 모든 감각을 상실하는 것이라면, 즉 꿈도 꾸지 않는 깊은 잠과 같다면 죽음은 아주 큰 소득입니다. 왜냐하면 어떤 사람이 꿈도 꾸지 않을 정도로 깊은 잠에 빠졌던 밤을 골라내어, 그 밤을 자신의 생애 중 다른 밤들과 비교했을 때, 그리고 일생 동안 그 밤보다 더 즐거운 낮과 밤이 얼마나 있었는지 생각을 해본다면, 일반 사람뿐 아니라 심지어 위대한 왕들조차도 그런 밤보다 더 나은 날과 밤이 거의 없다는 사실을 알게 될 것입니다. 그러니 죽음이 깊은 잠이라면, 어떻게 죽는 것이 형벌이라고 하겠습니까? 그렇다면 죽은 뒤의 모든 날은 단지 한밤과 같을 것입니다.

이와 달리 전해 내려오는 말처럼 죽음이 한 장소에서 또 다른 장소로 이동하는 것이라면, 모든 죽은 자들이 그곳으로 간다면, 이보다 더 좋은 일이 어디 있겠습니까? 안 그렇습니까, 재판관님들? 만약 이곳의 재판관이라고 자처하는 이들에게서 벗어나 하데스에 도착하여 그곳에서 진정한 재판관들을 만나게 된다면, 그래서 미노스, 라다만티스, 아이아코스, 트리프톨레모스와 같은 일생을 정의롭게 살았던 반신들을 볼 수 있다면 이것이 과연 슬픈 이동이라고 할 수 있을까요? 오르페우스, 무사이오스, 헤시오도스, 호메로스와 함께 만나 이야기를 나눌 수 있다면, 그런 기회를 돈으로 살 수 있기나 하겠습니까?

나는 이 말이 사실이라면, 몇 번이고 죽을 의향이 있습니다. 팔라메데스, 텔라몬의 아들 아이아스, 그리고 부당한 판결로 죽은 다른 인물들을 모두 만난다면 정말로 훌륭한 일이 될 것이기 때문입니다. 그들의 고난과 나의 고난을 비교하는 것은 결코 불쾌한 일이 아닐 테지요. 하지만 가장 큰 기쁨은 그곳에서 이곳에서 했던 것처럼 사람들에게 질문하고 조사하며, 누가 현명한지 그리고 누가 자기 스스로가 현명하다고 착각하고 있는지 발견하며 시간을 보낼 수 있다는 점입니다.

막대한 군대를 끌고 트로이를 공격했던 인물이나, 오디세우스나 시시포스를 비롯해서 우리가 알 만한 수많은 남성과 여성에게 질문할 수 있는 기회를 얻을 수 있다면, 그 가치를 값으로 매길 수 있겠습니까? 그들과 대화하며 교제하고 질문하는 것은 상상조차 할 수 없는 큰 행복이 될 것입니다. 그곳에서는 재판관들이 죽음을 선고하지 않을 것이 분명합니다. 왜냐하면 그곳에 사는 사람들은 여기 사는 자들보다 더 행복하며, 그곳에 대해 사람들이 하는 이야기가 사실이라면, 그곳의 사람들은 죽지 않고 영원히 사는 것일 테니 말입니다.

[33]   그러니 재판관 여러분, 죽음에 대해 희망을 가져도 좋습니다. 선한 사람들에게는 살아서나 죽어서나 악한 일이 일어나지 않습니다. 그러니 여러분은 진실로 믿고 숙고해야 합니다. 무슨 일을 하든 신께서는 여러분을 그냥 방치하지 않고 항상 보살핀다는 사실을 말입니다. 그리고 나에게 일어난 일은 우연의 결과가 아닙니다. 하지만 나는 지금 죽어서 나의 걱정들로부터 해방되는 것이 나에게 더 좋은 일이라는 사실을 알고 있습니다. 그 때문에 신께서도 나에게 경고를 보내어 어떤 식으로도 막지 않았으며, 나는 나를 유죄로 판결한 자들이나 나를 고소한 이들에게도 어떤 분노도 품고 있지 않습니다. 그러나 그들이 나를 이곳에서의 힘듦에서 벗어나게 하려는 의도로 그런 것이 아니라, 나를 해치려는 의도로 고발하고 사형에 처한 것이기 때문에 그 점에 있어서 그들은 비난받아 마땅합니다.

    그리고 마지막으로 한 가지 간청이 있습니다. 재판관 여러분, 나의 아들들이 성장했을 때, 그들이 미덕보다 부나 다른 것을 중요하게 여긴다거나, 자신이 아무것도 아닌 존재임에도 불구하고 스스로를 중요하게 여긴다면, 내가 여러분에게 했던 것처럼 그들을 꾸짖어주십시오. 그들이 마땅히 신경을 써야 할 것에 집중하지 못하고, 아무런 가치가 없는 존재임에도 자신을 대단한 존재로 착각한다고 비난해 주십시오. 여러분께서 그렇게 해준다면, 나와 나의 아들들은 여러분에게 정당한 대우를 받은 셈이 될 것입니다.

이제는 떠날 시간이 되었습니다. 나는 이제 죽으러 갈 것이고, 여러분은 여러분의 삶으로 돌아가야 합니다. 그러나 우리 중 누가 더 나은 곳으로 가는지는 오직 신 외에는 아무도 알지 못할 것입니다.

소크라테스의 변론

크리톤

Kriton

시민의 의무

...

소크라테스가 사형을 선고 받고 감옥에 갇히자
친구 크리톤이 찾아와 도주를 제안한다.

"세상이 날 몰아세워도
나는 바로 그 길을 가겠네."

소크라테스: 이 시간에 웬일인가, 크리톤? 너무 이른 시 [1]
간이지 않나?

크리톤: 그렇긴 하네.

소크라테스: 몇 시쯤 되었는가?

크리톤: 해뜰 무렵쯤 되었다네.

소크라테스: 어떻게 간수가 자네를 감옥 안으로 들여보
내 주었는지 궁금하군.

크리톤: 내가 여기 자주 오다 보니 간수와 좀 친해졌다
네. 그가 나한테 신세 진 것도 좀 있고 말일세.

소크라테스: 자네는 지금 막 온 것인가? 아니면 온 지
좀 되었는가?

크리톤: 여기 온 지 좀 되었다네.

소크라테스: 그럼 왔을 때 바로 나를 깨우지, 왜 그렇게
조용히 옆에 앉아 기다렸는가?

크리톤: 소크라테스! 세상에 이토록 괴로운 상황에 부
닥치면 나라도 깨어 있을 수 없었을 거라네. 한편으로는
자네를 보고 있으면서 참 신기했네. 어떻게 저렇게 곤히

잠을 잘 수 있는지 말일세. 그래서 나는 자네가 아주 조금이라도 더 편히 있었으면 해서 일부러 깨우지 않았네.

소크라테스: 하지만 크리톤, 죽음이 가까이 왔다고 해서 내 나이에 한탄을 한다면 그것은 부끄러운 일일세.

크리톤: 소크라테스, 자네 나이의 다른 사람들이 비슷한 상황에 부닥쳤다면, 그들은 그렇게 나이를 먹었어도 현재의 불운에 대한 불평을 참을 수 없었을 걸세.

소크라테스: 그렇긴 하지. 그런데 왜 이렇게 일찍 온 것인가?

크리톤: 좀 슬픈 소식을 전하러 왔다네, 소크라테스. 자네에겐 아마도 슬픈 소식이 아니겠지만, 자네의 친구인 우리 모두에게는 슬프고 무거운 소식이라네. 누구보다도 내가 이 슬픈 소식을 견딜 수 있을지 모르겠네.

소크라테스: 무슨 소식인데 그러나? 그 배*가 델로스에서 돌아오기라도 했는가? 그 배가 돌아올 때가 내가 사형당하는 때라고 하더군.

크리톤: 그건 아닐세, 그 배는 아직 도착하지 않았네. 하지만 수니온**에서 온 사람들이 전한 말에 따르면 그

---

* 파이돈 [2], [3] 참고. 공공 처형을 미루게 하는 사연을 가진 배.

** 아티카 남쪽 끝에 위치한 곳(promontory).

배가 그곳에서 출발하긴 했다네. 내 생각에는 아마도 오늘 도착하지 않을까 싶네. 그 이야기가 사실이라면 분명히 그날이 오고 있는 것 아니겠나. 그렇다면 내일이 소크라테스 자네가 죽게 되는 날이라는 말일세.

소크라테스: 하지만 크리톤, 좋은 운명이라면, 그리고 [2] 신들께서 기뻐하신다면 그렇게 되기를 바라네. 그래도 오늘은 죽지 않을 거라네.

크리톤: 왜 그렇게 추측하는 건가?

소크라테스: 그 배가 도착한 다음 날 내가 죽게 되어 있지 않은가. 모르고 있었는가?

크리톤: 이 일을 담당하는 이들*도 그렇게 말하고 있긴 하더군.

소크라테스: 나는 그 배가 오늘이 아니라 내일 도착할 것 같네. 내가 그렇게 추측하는 이유는 간밤에 꾼 꿈 때문이라네. 이 꿈은 내가 조금 전에 잠에서 깨기 얼마 전에 꾼 것이라네. 그러고 보니 자네가 나를 깨우지 않은 것이 얼마나 다행인지 모르네.

크리톤: 도대체 무슨 꿈을 꾸었기에 그러나?

소크라테스: 흰색 옷을 차려입은 한 아름답고 신비로운

---

* 11인 위원회(The Eleven).

여인이 나에게 다가와서 말했다네. "소크라테스, 앞으로 삼 일째 되는 날 당신은 비옥한 프티아*에 도착하게 될 겁니다."라고 말일세.

크리톤: 정말 이상한 꿈이군. 소크라테스.

소크라테스: 하지만 그 꿈이 전하는 의미는 분명하네.

[3]   크리톤: 그러게 매우 분명히 보여주는 것 같군. 하지만 내 친구 소크라테스, 제발 내 말을 듣고 자신을 구하게나. 만약에 자네가 죽는다면 나에게 단지 한 가지 재앙이 닥치는 게 아니야. 내가 다시는 소중한 친구를 만날 수 없다는 것 외에도, 자네와 나를 잘 알지 못하는 많은 사람에게는 내가 자네를 구하기 위해 돈을 쓰지 않은 것처럼 보일 것이라네. 자신의 부를 친구보다 소중하게 여긴다는 평판보다 더 수치스러운 것이 어디 있겠는가? 대다수는 우리가 자네에게 이곳을 떠나라고 설득했을 때 자네가 원하지 않았다는 사실을 믿으려 하지 않을 것일세.

소크라테스: 하지만 왜 우리가 그 많은 사람의 생각을 모두 다 신경 써야 하는가, 크리톤? 우리가 당연히 신경 써야 하는 가장 중요한 사람은 이 일이 실제로 일어난 그대로 판단할 것이야.

---

* 《일리아드》, 1 ix, ver. 363.

크리톤: 소크라테스, 하지만 자네도 이미 알고 있겠지만, 대중의 의견에 대해 반드시 신경을 써야 한다네. 자네의 상황만 봐도 알 수 있지 않은가. 다수의 사람들이 모함을 통해 아주 작은 악뿐만 아니라 엄청난 악을 일으킬 수도 있다는 것을 말일세.

소크라테스: 크리톤, 다수의 사람이 엄청난 악을 일으킬 수 있다는 것은 그만큼 큰 선을 행할 수도 있다는 말이니 그것이야말로 얼마나 좋은 일인가. 하지만 그들은 지금 어떤 것도 할 수 없다네. 대중은 사람을 지혜롭게 만들거나 어리석게 만들 수도 없으며, 그저 그때그때 행동하는 것뿐일세.

크리톤: 그럼, 그 문제는 그렇다고 하세. 하지만 소크라테스, 이 질문에 대해서는 나에게 대답을 좀 해주게. 자네가 탈옥하게 된다면 밀고자들이 우리가 몰래 자네를 빼돌렸다고 우리를 곤경에 빠뜨릴까 봐 걱정하고 있는가? 그래서 나와 친구들이 재산을 모두 잃거나 큰 피해를 보지는 않을까 걱정하는 것 아닌가? 만일 자네가 그런 걱정을 하고 있다면 그만 접어두게. 우리는 자네를 구하기 위해서라면 이런 위험쯤은 감당할 수 있다네. 우리는 더 큰 위험도 각오하고 있어. 그러니 거절하지 말고 내 말을 좀 따라주게. [4]

크리톤

소크라테스: 크리톤, 물론 그 문제들도 걱정하고 있지만, 내가 염려하고 있는 또 다른 문제들이 있다네.

크리톤: 그 문제에 대해서도 두려워하지 말게나. 이곳에서 자네를 데리고 나가줄 사람들에게 줘야 할 것은 그리 큰돈이 아니라네. 또한 그 밀고자들도 얼마 안 되는 돈에 넘어오는 자들이기 때문에 그리 많은 돈이 필요 없다는 것을 자네도 알고 있지 않은가?

내 재산은 자네를 위해 쓰기에 충분히 많다네. 그런데 만약에 내가 자네를 위해 돈을 쓰는 것이 걱정된다면, 몇몇 외부인들이 기꺼이 자네를 위해 돈을 가져왔다는 사실을 기억하게. 그들 중에 테베에서 온 심미아스는 자네를 여기서 꺼내기 위해 많은 돈을 가져왔고, 케베스를 비롯한 아주 많은 사람도 이미 준비가 되어 있다네. 그러니, 내가 말했듯이, 그런 두려움 때문에 자신을 구하는 일을 망설이지 말게나. 또한 자네가 법정에서 얘기했던 대로, 이곳을 떠나면 무엇을 해야 할지 모르겠다는 그 걱정도 접어두게. 자네가 어디를 가든지 수많은 곳에서 사람들은 여전히 자네를 사랑할 것일세. 자네가 만약에 테실리아로 가고자 한다면, 자네를 아주 많이 존경하는 친구들이 자네의 안전을 보장해 줄 거라네. 테실리아에서는 누구도 자네를 괴롭히지 못할 거라네.

게다가 소크라테스 자네가 자신을 구할 수 있는 상황 [5]
에서도 스스로 포기하는 것이 나에게는 정의로운 길로
보이지 않아. 자네는 자네에게 벌어질 결과를 그냥 밀어
붙이고 있는데, 이는 자네를 파멸시키려는 적들이 원하
던 바이고 이미 시도했던 일이지 않은가. 오히려 자네가
아들들을 배신하는 것처럼 보인다네. 자네가 그들을 양
육하고 교육할 수 있는 능력이 있음에도 불구하고 그들
을 버린다면 그들은 자신들의 운에 맡겨진 운명을 겪게
될 것일세. 결국 고아처럼 살아가게 되겠지. 자식이 없다
면 모를까 자식을 낳았다면 그들을 키우고 교육하는 수
고를 끝까지 마땅히 해내야 하지 않는가.

내가 보기에 자네는 가장 나태한 길을 선택하는 것 같
네. 자네는 평생 동안 미덕을 탐구했다고 주장해 왔으니,
선하고 용기 있는 사람이 선택했을 법한 길을 선택했어
야 하네. 그래서 나는 자네뿐만 아니라 자네의 친구들인
우리에 대해서도 부끄러움을 느낀다네. 자네와 관련된
이 모든 일이 우리의 비겁함 때문에 일어난 일인 것 같아
염려된다네. 자네가 굳이 그러지 않아도 됐을 텐데 법정
에 직접 나간 일이나, 재판이 전개된 방식이나, 지금 상황
처럼 모든 일이 어처구니없이 끝나버린 것이나 말일세.
우리의 나태함과 비겁함으로 자네를 구하지 못하고, 자

크리톤

네도 역시 자신을 구하지 않은 것처럼 보이니 너무나 안타깝다네. 조금만 더 노력했다면 이런 상황까지는 아니었을 텐데 말이야.

그러니 소크라테스 다시 생각해 보게나. 이에 따라 초래될 악뿐 아니라 자네나 우리에게 모두 치욕이 될까 염려된다네. 더 이상 생각할 시간이 없어. 자네는 이미 결심해야 했다네. 이제 오직 한 가지 계획밖에 없네. 오늘 밤에 이 모든 일을 다 해치워야 해. 만약 우리가 지체한다면 더 이상 손을 쓸 수가 없다네. 그러니 소크라테스, 어떤 경우에도 내 말을 거절하지 말고 따라주게나.

[6]   소크라테스: 나의 친구 크리톤, 자네의 열정이 올바른 원칙과 잘 결합한 것이라면 매우 칭찬받아 마땅하네. 하지만 그렇지 않다면 큰 열정만큼 더욱 안타까운 일이 벌어질 것이야. 그러니 이 계획을 채택해야 할지 그러지 말아야 할지 신중하게 고려해야 한다네. 왜냐하면 나는 지금뿐만 아니라 항상 이성을 따르는 사람으로서, 충분히 심사숙고한 뒤에 최선의 것을 따르는 삶을 살아왔기 때문이야. 지금 이런 처지에 빠졌다고 해서 내가 중요하게 생각해 왔던 원칙들을 거부할 수는 없다네. 나는 이 상황에서도 여전히 이전과 마찬가지로 그 원칙들을 존중하고 중요하게 생각하네. 그러니 다수의 힘이 우리를 어린아

이 다루듯 하고, 지금보다 더 많은 위협을 가하며 감옥에 가두고, 사형시킨다고 하며 모든 재산을 몰수하는 악행을 저지른다 할지라도, 우리가 지금 더 나은 원칙을 제시할 수 없다면 나는 자네 말대로 할 수가 없다네.

그러니 어떻게 해야 이 문제를 가장 적절하게 살펴볼 수 있겠나? 우선, 자네가 의견에 사용했던 논증으로 돌아가 보겠네. 우리가 일부 의견에는 주목하면서 또 다른 일부 의견에는 주목하지 않아야 한다고 결론 내린 것이 올바른 것이었는지, 혹은 내가 죽어야 한다는 것이 불가피한 것이라 여겼던 것이 타당했는지, 그것이 단순히 논쟁 자체를 펼치기 위한 말에 불과했고, 사실상 농담이나 하찮은 이야기일 뿐이었던 것은 아닌지 말일세.

나는 이 문제에 대해 크리톤 자네와 함께 이야기를 나누고 싶네. 지금 내가 이런 처지에 놓였기 때문에 기존의 것을 다르게 봐야 하는지, 아니면 상황이 달라졌다 해도 동일하게 봐야 하는지, 또는 그것들을 무시해야 하는지 아니면 따라야 하는지에 대해서 말일세. 자신이 진지하게 얘기한다고 생각하는 이들은 내가 방금 말했듯이, 어떤 의견은 매우 중요하게 여기지만 또 다른 의견은 존중할 필요가 없다고 생각한다네. 크리톤, 신 앞에 맹세코 자네는 이것이 옳은 것 같은가? 자네의 입장에서는 분명히 내일 죽을 위험도 없고 지금의 재앙으로 자네의 판단을 그르칠 일도 없을 걸세. 그러니 잘 생각해 보게. 사람들의 모든 견해를 존중하는 것이 아니라 일부의 것은 존중하면서 또 일부는 존중하지 않는 것이 옳다고 보는가? 모든 사람의 의견이 아니라, 일부의 의견은 존중해야 하고 또 다른 일부는 존중하지 말아야 하는가? 어떻게 생각하는가? 이것이 옳게 결론지어진 것인가?

크리톤: 옳은 말이 맞네.

소크라테스: 그렇게 생각한다니 또 물어보겠네. 우리는 선을 존중해야 하지만 악은 존중하지 않아도 되는가?

크리톤: 그렇지.

소크라테스: 선한 생각은 지혜로운 자들의 것일 테고, 악한 생각은 어리석은 자들의 것 아니겠는가?

크리톤: 당연히 그렇지 않겠는가?

[7]   소크라테스: 자, 그럼 이것은 어떻게 얘기하겠나? 운동에 전념하며 연습하는 사람은 모든 사람의 칭찬과 질타와 의견에 집중해야 하는가, 아니면 의사나 운동 선생님과 같은 특정한 한 사람의 의견에 집중해야 하겠는가?

크리톤: 물론 그 한 사람의 의견에 집중해야겠지.

소크라테스: 그렇다면 다수의 비난과 칭찬이 아니라 한 사람의 비난을 두려워해야 하고, 또 한 사람의 칭찬을 원

해야 할 것일세.

크리톤: 맞네! 분명히 그렇지.

소크라테스: 그러니 그 한 사람은 당연히 다수의 사람들이 아닌 감독이네. 해야 할 것들을 잘 알고 있는 그 사람에게 맞춰 연습하고 운동하고 먹고 마셔야 하겠지.

크리톤: 그렇다네.

소크라테스: 좋네, 자 그러면 그가 만약에 그 한 사람의 말을 듣지 않고 그의 의견과 칭찬을 무시하면서, 아무것도 모르는 다수의 의견을 따른다면, 결국 그는 악으로 인해 고통받지 않겠는가?

크리톤: 그렇게 한다면 어떻게 악으로부터 고통을 받지 않을 수 있겠나.

소크라테스: 하지만 그럼 무엇이 악이겠는가? 그 악은 어디에 있으며, 중요한 한 사람의 견해를 따르지 않는 그 사람에게 악은 어떻게 영향을 미치겠는가?

크리톤: 그야 그의 몸에 악이 미치지 않겠나? 몸이 망가지겠지.

소크라테스: 말 잘했네. 크리톤, 이와 같은 경우는 우리가 일일이 다 보지 않아도 모든 다른 것에도 마찬가지로 적용된다네. 우리가 살펴보고 있는 정의와 부당함, 비열함과 고결함, 선과 악은 어떠한가. 이 역시 다수의 의견을

따르고 그것을 존중해야 하겠는가? 만약 누군가 온전히 이해하고 있는 한 사람이 있다면, 다수의 사람 대신에 그 사람을 경외하며 존중해야 하겠는가? 그리고 만약에 우리가 그 사람의 의견을 무시한다면, 더 정의로워질 수 있는 우리 자신의 일부가 다치고 망가지지 않겠는가? 이것은 운동선수의 경우와 동일하지 않은가?

크리톤: 나도 자네의 말에 동감하네, 소크라테스.

[8]   소크라테스: 자, 우리는 건강한 행위로 인해 더 좋아지지만 건강하지 못한 행위에 의해서는 손상된다네. 불건강이 우리를 제대로 이해하지 못하는 이들의 의견을 따른 결과라면, 과연 그 손상된 상태에서 삶을 즐길 수 있겠는가? 우리가 말하는 내용은 바로 몸에 대한 것이지 않은가?

크리톤: 그렇다네.

소크라테스: 그럼 우리가 병들고 손상된 몸으로 삶을 즐길 수 있는가?

크리톤: 아니, 그럴 수는 없지.

소크라테스: 하지만 불의로 황폐해지고 정의로 유익해지는 것이 파괴될 때 삶을 즐길 수 있겠는가? 또는 불의와 정의가 관여된 어떤 부분이든, 그 부분이 우리의 몸보다 더 가치가 없다고 생각하는가?

크리톤: 절대 그렇지 않다네.

소크라테스: 그럼 그것들이 더 가치가 있다는 말인가?

크리톤: 훨씬 더 가치가 있지.

소크라테스: 자네의 의견 역시 아주 훌륭하군. 그러니 우리가 많이 신경을 써야 할 것은 다수의 사람이 하는 말들이 아니라 정의와 불의를 이해하는 바로 한 사람, 바로 진리 그 자체가 하는 말이라네. 그러니 자네가 처음부터 우리가 정의와 고귀함과 선한 것들과 그 반대되는 것들에 대해 다수의 의견을 존중해야 한다고 주장하며 말한 원칙은 옳지 않다는 말일세. 하지만 어떤 사람은 그 다수가 우리를 죽일 수도 있지 않겠냐고 말하지 않겠나?

크리톤: 그것도 너무나도 맞는 말이라네 소크라테스. 누군가는 그렇게 말할 수 있겠지.

소크라테스: 정말 맞는 말이라네. 하지만 나의 존경하는 친구, 우리가 예전에 이 원칙에 대해서 똑같이 논의했던 적이 있다네*. 또한 이것을 생각해 보게나. 단순히 사는 것 자체가 아니라 어떻게 잘 살 것인가가 우리에게 더 중요하지 않겠는가.

---

* 즉, 대중의 의견을 고려해서는 안 된다는 이전 논의에서 세운 원칙이 여전히 유효하다는 의미이다.

크리톤: 그것은 우리에게 여전히 중요하다네.

소크라테스: 그리고 잘 사는 것과 명예롭고 정의롭게 사는 것은 결국 같지 않겠는가?

크리톤: 그렇지, 맞다네.

[9]   소크라테스: 그렇다면, 앞서 언급한 것에서 이런 생각이 떠오른다네. 내가 아테네인의 허락 없이 이곳을 떠나려고 노력하는 것이 정당한지 아닌지에 대한 문제 말이네. 만약 그것이 정당해 보인다고 한다면 시도해 보겠지만, 그렇지 않다면 난 포기할 것이라네.

그런데 크리톤, 자네가 언급했던 돈이나 명예와 자녀 교육에 대한 고려 사항을 조심해서 살펴봐야 한다네. 이런 명분이 무분별하게 사람을 죽여대고, 또 아무런 이유도 없이 살려내려고도 하는 다수의 사람에게 속하는 욕망은 아닌지 말일세. 하지만 우리는 이성이 요구하는 것에 따라 방금 언급했던 문제를 고려해야 한다네. 우리가 돈을 지불하고 사람들과 계약을 맺어 나를 이곳에서 나가도록 하는 것이 정의로운 행동인지, 또는 사실상 우리를 데리고 나가는 사람뿐 아니라 이 모든 일이 우리 스스로가 정의롭지 못함을 의미하는 것은 아닌지에 대해서 말일세. 그리고 그렇게 행동하는 것이 정의롭지 못한 일로 보인다면, 우리가 죽음을 맞이하거나 겪게 될 다른 고통에 대해 고려할 것이 아니라, 우리가 부당하게 행동하고 있는지를 먼저 고려해야 한다네.

크리톤: 소크라테스, 내가 보기에도 자네가 하는 말이 맞는 것 같네. 하지만 그럼 우리가 어떻게 해야 하겠나?

소크라테스: 친구, 우리가 함께 그 문제에 대해 논의해 보세. 만약 내가 말하는 것에 이의가 있다면 잘 반론해 보게. 그럼 내가 자네의 의견을 따르겠네. 하지만 내 의견에 동의한다면, 내가 아테네 사람들의 의견을 거스르면서까지 이곳을 떠나야 한다는 그 말을 멈춰주게. 자네가 나를 설득하려는 그 노력을 매우 소중하게 여긴다네. 다만, 그것이 내 의지에 반하지 않는 한에서 말이네. 그러니 우리 논의의 시작점을 다시 한번 생각해 보게나. 자네가 보기에 만족스럽게 진술되었는지, 그리고 제기된 질문에 대해 자네가 옳다고 생각하는 대로 정확하게 답하려고 노력해 보게나.

크리톤: 그렇게 하도록 노력해 보겠네.

소크라테스: 자 그럼, 우리는 무슨 일이 있어도 불의를 [10] 행하는 것에 신중해야 한다고 말하는가, 아니면 어떤 상황에서는 불의를 행할 수도 있고 또 어떤 상황에서는 불의를 행해서는 안 된다고 말하는가? 또는 우리가 이전에도 여러 번 동의했듯이, 그리고 우리가 방금 얘기 나눴듯

이, 어떤 경우에도 부정을 저지르는 것은 결코 선하거나 명예로운 일이 아니지 않는가.

아니면 우리가 이전에 서로 동의했던 모든 의견이 요 며칠 사이에 무의미한 것이 되어버렸는가? 그리고 크리 톤, 우리처럼 나이 든 사람들이 오랜 시간 동안 진지하게 서로 대화를 나누면서도 아무것도 몰랐다는 것이 우리 가 어린아이들과 별반 다를 것이 없다는 의미가 아니겠 는가? 또 당시 우리가 내린 결론과 같이, 모든 질문에 대 한 결론이 그때와 마찬가지인가? 다수의 사람이 그것을 허락하든 허락하지 않든, 우리가 더 무거운 벌을 받든 더 가벼운 벌을 받든, 불의는 어떤 경우에도 그것을 저지른 자에게 악하고 치욕스러운 것인가? 이에 동의하는가?

크리톤: 거기에 동의하네.

소크라테스: 따라서 우리는 무슨 이유에서도 불의하게 행동해서는 안 된다네.

크리톤: 물론이네.

소크라테스: 대다수의 사람이 생각하듯이, 자신이 불의 를 당했다고 그 피해를 되갚아 주려고 해서는 안 된다네. 어떤 상황에서도 불의하게 행동해서는 안 되기 때문이지.

크리톤: 그렇지는 않은 것 같네.

소크라테스: 크리톤, 그렇다면 이것은 어떤가? 다른 사

람에게 악한 행동을 하는 것이 옳은가? 옳지 않은가?

크리톤: 소크라테스, 물론 옳지 않지.

소크라테스: 하지만 이것은 어떤가? 누군가 악한 공격을 받았다면 그 악을 되갚아 주는 것이 옳다고 믿는가? 아니면 옳지 않다고 믿는가?

크리톤: 물론 난 옳지 않다고 믿는다네.

소크라테스: 사람들에게 악을 행하는 것은 불의를 행하는 것과 전혀 다르지 않네.

크리톤: 자네 말이 맞네.

소크라테스: 그러니 누군가에 의해 괴롭힘을 받았다고 해서 그에 대해 피해를 되갚거나 누군가에게 악을 행하는 것은 옳지 않다는 말이군. 하지만 크리톤, 자네가 이러한 것을 인정한다면, 자네의 의견에 반하는 것에 대해서는 인정하지 않도록 조심해야 한다네. 왜냐하면 나는 이와 같은 생각이 아주 소수의 사람에게만 옳다고 여겨지고, 앞으로도 그럴 것이라 생각하기 때문이라네.

그러니 이러한 생각을 진실이라고 여기는 사람들과 그렇지 않은 사람들은 서로 같은 감정을 가질 수 없고, 결국 서로의 다른 의견을 보며 경멸할 수밖에 없을 거라네. 그러니 자네가 나와 의견이 일치하고 나와 같이 생각하는지 잘 숙고해 보게. 우리가 이 원칙에서 우리의 논의를 시작할 수 있을지 없을지에 대해 말일세. 즉 피해를 주거나 받은 피해에 대해 보복하거나 누군가 악을 행했을 때 악한 행동으로 되갚아 주는 것이 절대 옳지 않다는 의견에 대해 자네는 반대하거나 동의하지 않은 것은 아닌가? 나는 오래전부터 지금까지도 이러한 생각이 옳다고 여기네. 그러니 자네가 어떤 점에서든 다르게 생각한다면 나에게 말해주게. 하지만 자네도 같은 의견이라면 다음 질문에 관해 얘기를 들어보게.

크리톤: 내 생각은 여전하고 자네와 같은 생각을 한다네. 그러니 다음 질문을 말해보게.

소크라테스: 그럼 다음 질문을 해보겠네. 한 사람이 어떤 옳은 일을 하겠다고 약속했을 때, 그 약속을 지켜야 하겠나 아니면 그 약속을 회피해도 되겠는가?

크리톤: 물론 약속을 지켜야 하겠지.

[11]   소크라테스: 그렇다면 이어지는 질문에 대해 생각해 보게. 만약에 우리가 이 나라의 허가 없이 이곳을 나간다면, 우리가 악을 입히지 않아야 하는 사람들에게 악을 행하는 것인가, 아닌 것인가? 그리고 우리가 정의롭다고 동의한 것을 따르고 있는가, 아닌 것인가?

크리톤: 소크라테스, 나는 자네의 질문에 대답할 수가 없네. 그 질문을 이해할 수가 없다네.

소크라테스: 그러면 이렇게 생각해 보게나. 만약에 우리가 도망칠 준비를 하는 동안, 또는 그것을 도망이 아니고 뭐라고 부르든 간에, 여기서 벗어나려고 하는 순간, 법과 국가가 우리 앞에 나타나 다음과 같이 묻는다고 생각해 보세. "소크라테스, 당신은 지금 무엇을 하려는 것인가? 당신이 지금 하려는 이 일을 통해서 우리, 법과 국가 전체를 파괴하는 것 외에 다른 목적이 있는가? 아니면 법정에서 내려진 판결이 그 어떤 효력도 없고 개개인에 의해 무시되고 파괴된 그 국가가 과연 전복되지 않고 존속될 수 있다고 생각하는가?"

크리톤, 이런 질문 또는 항의에 어떻게 답해야겠는가? 누구나, 특히 웅변가와 같은 사람이라면, 내려진 판결은 반드시 집행되어야 한다는 원칙을 어기는 것에 대해 많은 말을 할 것이라네. 우리가 그들에게 국가가 우리에게 부당한 일을 저질렀고 그래서 올바른 판단을 내리지 못했다고 말하겠는가? 아니면 어떤 다른 말을 해야겠는가?

크리톤: 제우스를 걸고 맹세컨대, 우리는 바로 국가가 우리에게 부당한 일을 저질렀다고 말해야 하네.

소크라테스: 그렇다면 법이 이렇게 말하면 어떻게 하겠 [12] 는가? "소크라테스, 당신은 이 국가가 내리는 판결을 따르기로 합의하지 않았는가?" 그리고 그들이 이렇게 말

하는 것에 우리가 놀란다면, 아마도 그들은 또 이렇게 말할 것이네. "소크라테스, 우리가 하는 말에 놀라지 말고 대답하시게. 당신은 질문과 답변을 하는 데 익숙하니 말이네. 자, 말해보게. 당신은 우리, 즉 법과 이 국가를 향해 어떤 불만을 품고 있기에 우리를 파괴하려 하는가? 우선 당신의 아버지가 우리를 통해 당신의 어머니를 아내로 맞이할 수 있었고 당신이 태어나 존재할 수 있지 않았는가? 그러니 말해보시게. 당신은 이 결혼과 관련된 법들이 나쁘다고 비난하는가?" 나는 이 질문에 바로 이렇게 대답할 것이네. "나는 그것을 비난하지 않소."

이어서 또 나에게 묻기를 "그렇다면 태어난 후 양육과 교육에 관한 법에 불만이 있었는가? 아니면 이와 관련하여 제정된 법에 따라 당신의 아버지가 당신에게 음악과 체육을 배우도록 한 것이 옳지 않았다고 생각하는가?" 나는 바로 전혀 불만이 없었다고 답할 것이라네. 그럼 또 나에게 묻겠지.

"자, 그럼, 당신이 우리를 통해 태어나고, 양육되고, 교육받았기 때문에, 당신은 우리에게서 태어난 자식이자 노예가 아니라고 말할 수 있는가? 당신의 조상들조차도 말이네. 만약 그렇다면 당신은 우리 사이에 동등한 권리가 있다고 생각하는가? 우리가 당신에게 하려는 어떤 일

을 당신도 우리에게 되갚을 수 있다고 생각하는가? 당신
이 아버지가 있거나 노예여서 주인이 있다면, 당신은 그
들과 동등한 권리를 갖고 있지 않다는 것을 알고 있을 걸
세. 그들에게 당한 것을 그대로 되갚아 줄 수도, 책망받았
을 때 그에 반박할 수도, 맞았을 때 다시 때릴 수도 없고,
이와 같은 다른 많은 것들을 할 수 없다네. 그럼에도 당
신은 당신의 국가와 법에 대해서는 그렇게 할 수 있다고
생각하는가? 그래서 우리가 당신을 파괴하려 한다면, 그
것이 정의롭다고 생각하여 행동으로 당신도 우리, 즉 법
과 국가를 파괴하려고 노력해야 한다고 생각하는가? 그
리고 그렇게 하면서도 자기 행동이 정의롭다고 말하겠는
가? 당신은 사실 미덕을 가장 중요시하지 않았는가?

　당신이 그렇게 지혜롭다고 하면서 한 사람의 국가는
어머니와 아버지, 그리고 다른 모든 조상보다 더 존귀하
며, 더 숭고하고, 더 성스러우며, 신들과 지각 있는 사람
들 모두가 더 소중하게 여긴다는 것을 모르고 있는가?
사람은 자신의 아버지보다도 자신의 국가를 더 존경하
고, 그 국가에 복종해야 하며, 또한 국가가 화가 났을 때
달래야 한다네. 그리고 국가가 매를 맞게 하든 감옥에 갇
히게 하든 내리는 명령을 따라야 하고, 억울하다면 국가
를 설득해야 하며, 국가가 고통을 참으라고 명령한다면

크리톤

조용히 그 고통을 감수해야 한다는 것을 모르는가? 또 국가가 내보낸 전쟁터에서 상처를 입거나 죽을지라도, 그것이 정의가 요구하는 길이기 때문에 결국 모든 일을 해야 한다네. 사람은 물러서거나 도망치거나 자신의 위치를 떠나서는 안 된다네. 전쟁에서든 법정에서든 그리고 어디서든 자신의 도시와 국가가 명하는 것을 따라야 하며, 정의가 허용하는 방식으로 설득해야 하며, 자신의 어머니나 아버지에게 폭력을 가하는 것이 존중받지 못하는 일인 것과 마찬가지로 국가에 폭력을 가하지 않아야 한다네."

자, 크리톤. 법이 이와 같이 묻는다면 어떻게 대답하겠는가? 이 법이 진실을 말하고 있는가, 아닌가?

크리톤: 내게는 진실을 말하는 것처럼 보이네.

[13]   소크라테스: 이 법은 아마도 이렇게 계속 말할 걸세.

"그렇다면 소크라테스, 잘 생각해 보게. 우리가 진실을 말한다면 당신이 지금 시도하려는 일이 정의롭지 못한 것은 아닌지 말일세. 우리는 당신을 태어나게 해주고, 양육하고, 교육받게 해주었으며, 당신과 다른 모든 시민에게 우리의 권력 안에서 선을 베풀었다네. 모든 아테네인이 분별력이 생기는 나이가 되어 국가와 우리, 즉 법을 알게 되었을 때 만족하지 못한다면 자기 재산을 가지고 어디든 떠날 수 있는 권한을 주기도 했다네. 그리고 당신들 중 누구라도 가고자 하는 곳이 있거나 우리와 이 나라가 마음에 들지 않아서 다른 나라로 이주하여 정착하고 싶다면, 어떠한 법도 그 사람이 자신의 모든 재산을 가지고 원하는 곳으로 가는 것을 방해하거나 금지하지 않는다네. 그러나 우리가 정의를 집행하는 방식과 국가를 다스리는 방식을 본 뒤에도 우리와 계속 함께하는 사람들은 사실상 우리와 계약을 맺고 우리의 명령을 따르겠다고 합의한 것이라고 말할 수 있다네.

그러므로 우리가 주장하는 바는 우리에게 순종하지 않는 사람은 세 가지 측면에서 불의하다는 것이라네. 첫째는 그를 존재하도록 한 우리를 따르지 않았기 때문이고, 둘째는 그를 양육한 우리를 따르지 않았기 때문이며, 셋째는 우리를 따르겠다고 합의했음에도 불구하고 우리를 따르지 않고, 우리가 그에게 잘못한 것이 있다면 이를 설득해야 하는데 그렇게도 하지 않았기 때문이라네. 우리는 그에게 강압적으로 우리의 명령을 따르도록 하는 것이 아니라, 두 가지 선택권을 주는 것이라네. 우리를 설득하거나, 아니면 우리의 요구를 따르거나. 하지만 우리에게 순종하지 않는 사람은 이 두 가지 중 어느 것도 하지 않는다네.

[14]　　오, 소크라테스! 당신이 지금 계획하고 있는 일을 행한다면 당신도 이러한 비난을 받을 수 있으며, 아테네 사람 중에서 가장 큰 비난을 받게 될 것이라네."

크리톤, 내가 법이 한 말에 대해 "무슨 이유 때문입니까?"라고 물으면 그들은 분명히 정정당당하게 당신은 수많은 아테네인 중에서도 특별히 우리와 이 계약을 맺은 사람이기 때문이라고 대답할 걸세. 그리고 또 이렇게 말하겠지.

"소크라테스, 우리는 당신이 우리와 이 국가에 대해 만족해했다는 분명한 증거를 갖고 있다네. 만약에 당신이 이 나라가 특별히 마음에 들지 않았다면, 이미 이곳을 떠나서 여기에 머물지 않았을 거라네. 하지만 당신은 단 한 번 코린트지협 경기 때를 제외하고는 무언가 대중적인 볼거리를 보기 위해서조차 이 국가를 떠나본 적이 없다네. 또한 군 복무를 제외하고는 다른 곳에서 살아본 적이 없고, 사람들이 그러는 것처럼 다른 나라에 나가본 적이 없으며, 다른 국가나 다른 법을 알아가고 싶어 했던 적도 없었네. 바로 우리와 이 국가만으로 만족했기 때문이네. 그러니 당신은 강력하게 우리를 선택했으며, 이 국가에 만족했기 때문에 모든 면에서뿐 아니라 아이들을 낳아 기르는 데도 우리의 통치에 기꺼이 따랐다네.

게다가 바로 이 재판에서 당신은 자신에게 이 국가에서 떠날 수 있는 추방형을 선고해 달라고 요청할 수도 있었다네. 만약에 그렇게 했다면 지금 당신이 국가의 동의 없이 행하려고 하는 일을 동의하에 할 수도 있었을 거라네. 하지만 그때, 당신은 사형이 선고된다고 할지라도 슬퍼하지 않겠다고 당당하게 말했다네. 추방될 바에는 죽음을 택하겠다고 했지. 그러나 지금, 그때 한 말에 대해 부끄러움을 느끼지도 않으며, 우리에 대한 존경심도 보이지 않는다네. 당신은 가장 천한 노예처럼 행동하고 있네. 당신이 하려는 행동은 우리가 정한 관습과 우리의 통치를 따르겠다고 한 계약을 어기고 도망치는 것과 마찬가지라네. 그러니 먼저 우리의 질문에 답을 해보시게. 당신이 입으로 말하지는 않았더라도 행동으로는 우리를 따르겠다고 동의했다는 것은 진실인가 아닌가?"

자, 크리톤, 우리는 이 질문에 어떻게 대답해야겠는가? 그 말이 진실이라고 동의해야 하지 않겠나?

크리톤: 그렇네 소크라테스, 그렇게 대답해야겠네.

소크라테스: 법은 이렇게 계속 말할 걸세.

"그렇다면 당신이 하려는 일이 우리와 맺은 계약과 합의를 위반하는 것이 아니고 무엇인가. 당신은 강요당한 것도 아니고, 속아서 동의한 것도 아니고, 짧은 시간 안에 결정하도록 강요받아서 이 법에 동의한 것이 아니었네. 자네에게는 칠십 년이라는 긴 시간이 있었으며, 그동안 우리가 만족스럽지 못했으면 떠날 수 있었을 것이네. 하지만 자네는 이 국가를 떠나지 않았지. 때문에 우리와의 합의가 자네에게 정의롭게 보였다는 것이 아니겠는가?

자네는 라케다이몬이나 크레테가 좋은 법들로 통치된다고 여러 번 얘기했으면서도 그곳을 선택하지 않았으며, 그리스의 여러 다른 국가들이나 이민족인 여러 국가들 중 어느 하나도 선택하지 않았네. 자네는 다리를 저는 사람이나 눈먼 사람 또는 다른 장애가 있는 사람보다도 더 아테네를 떠나지 않았다네. 이는 당신이 그 어떤 아테네 시민보다도 이 국가와 우리, 즉 법에 대해 만족스러워하고 있다는 의미가 아니겠는가. 누가 법이 없는 국가에 만족할 수 있겠는가? 그런데 당신은 왜 우리와의 합의를 참고 인내하지 못하는가? 소크라테스, 당신이 우리를 따른다면, 이 도시를 떠나 자기 자신을 우스꽝스럽게 만들지는 말아야 할 것일세.

[15] 생각해 보게. 이 합의를 어기고 그 일부를 위반하는 행동이 당신이나 당신의 친구들에게 좋을 게 있을지 말이네. 당신의 친구들이 추방당하거나 시민권을 박탈당하거나 재산을 몰수당할 위험에 처할 것이라는 점은 분명하

네. 또한 만약 소크라테스 당신이 이웃 도시들인 테베나 메가라로 간다면, 그 도시국가들은 좋은 법으로 다스려지고 있을 테니, 그곳에서 당신은 그들의 정치 체계에 적대적인 사람으로 여겨질 수 있을 거라네. 또한 그 국가를 소중히 여기는 사람들은 당신을 의심스럽게 볼 것이며 법의 파괴자로 여길 것이네. 그리고 당신에게 내려진 법원에서의 판결이 정당했다고 확신할 것이라네. 법을 파괴하는 자는 젊은 사람들이나 정신적으로 약한 사람들을 타락시키는 자로 여겨질 확률이 높기 때문이라네. 그러니 당신은 그렇게 잘 다스려진 국가들과 법을 잘 따르는 사람들을 피하지 않겠는가? 만약에 그렇다면 그렇게 사는 것이 가치 있다고 생각하는가?

아니면 소크라테스 당신이 그들에게 접근해 여기서처럼 그들과 대화하며, 미덕과 정의, 사법 제도와 법이야말로 인간이 가장 소중하게 여겨야 하는 미덕이라는 주제를 논하겠는가? 소크라테스가 그렇게 행동하고 이제 와서 또 그런 말을 한다면 너무 어이 없지 않겠는가? 그렇게 생각하지 않을 수가 없다네. 결국 당신이 이런 국가들을 피해서 크리톤의 친구들이 있는 테살리아로 간다고 생각해 보게. 그곳은 무질서와 방종이 가장 극심한 곳이라네. 아마도 그들은 당신의 탈옥 이야기를 기꺼이 들으려고 할 것이네. 당신이 가죽을 몸에 뒤집어쓰고 도망 쳤든 또는 흔히 도망자들이 하는 것처럼 평소와는 다르 게 변장하고 도망쳤든, 그 이야기를 들려준다면 그들은 아주 흥미롭게 듣겠지. 그런데 당신을 보고 '얼마 살지도 못할 늙은 몸으로 삶에 대한 저속한 욕망으로 가장 신성 한 법을 어겼구나'라고 말하는 사람이 거기라고 없을 것 같은가? 아마도 당신이 누구도 불쾌하게 만들지 않는다 면 그런 말을 듣지는 않을 수도 있을 거라네. 하지만 만 약 누군가의 신경을 조금이라도 건드린다면, 소크라테스 당신은 적절하지 못한 말을 많이 듣게 될 걸세. 또한 결 국 당신은 모든 사람에게 마치 노예처럼 비굴하게 의존 하는 삶을 살게 될 것일세.

그리고 테살리아에 가서는 도대체 무엇을 하며 살 것 인가? 마치 테살리아의 연회에 간 것처럼 시간을 보낼 것인가? 그러면 당신이 말하는 정의와 모든 미덕의 담론 들은 어떻게 되는가? 만일 당신이 자녀들을 위해서 살고 자 한다면, 당신은 그들을 양육하고 교육시킬 수 있겠는 가? 어떻게 말인가? 자녀들을 테살리아로 데리고 와서 그곳에서 양육하고 교육하며, 조국을 떠난 이방인으로 살도록 만들려는가? 만약 그렇게 하지 않고 그들이 사는 곳에서 양육하려 한다면, 당신이 함께 살지 않더라도 친구들이 돌봐줄 것이니, 자녀들이 더 잘 양육되고 교육받을 것이라 생각하는가? 하지만 당신이 테살리아로 가서 친구들이 당신의 자녀들을 돌봐준다면, 만약 당신이 죽어 하데스로 간다고 해도 그렇게 돌봐주지 않겠는가? 당신이 친구라고 부르는 사람들이 진정으로 당신에게 어떤 도움을 줄 수 있다면, 당연히 그들이 당신의 자녀를 돌봐줄 거라 생각해야 하지 않겠는가?

자 그러니, 소크라테스! 당신을 키워낸 우리, 법의 말 [16] 을 따르고, 자녀나 생명 또는 그 무엇보다도 정의를 더욱 소중히 여기시게. 당신이 하데스에 도착했을 때, 그곳을 지배하는 이들 앞에서 이러한 행동이 당신을 변호해줄 것이네. 지금 당신이 하려는 그 일을 한다면, 이 삶에서도 당신에게나 당신의 친구들에게 더 유익하거나, 더 정의롭거나, 더 신성한 일이 되지 않을 것이네. 또한 당신이 죽음의 문턱에 도달해도 더 나아지지 않을 것이라네. 그럼에도 지금 당신이 탈옥을 감행한다면, 떠나면서도 부당한 대우를 받았기 때문이라고 말하겠지만, 그것은 우리 법에 의해서가 아니라 사람들에 의해 강행된 부당한 대우라네. 그럼에도 당신이 도망친다면, 해를 해로 갚고, 악을 악으로 갚으며, 우리와 맺은 계약과 합의를 깨트리고, 가장 해를 입히지 말아야 할 당신 자신과 친구들과 국가와 우리 법에게 악을 행한 것이 될 것이네. 그렇게 되면 당신이 살아 있는 동안에도 우리 법은 당신에게 분노할 것이며, 당신이 죽어서 하데스에 갔을 때도 우리의 형제인 하데스의 법도 당신이 이 땅에서 우리, 즉 법을 파괴하려 했음을 알고 당신을 호의적으로 받아들이지는 않을 것이라네. 그러니 크리톤이 당신에게 조언한 것을 따르지 말고, 우리의 말을 따르도록 하게."

[17]　　친애하는 나의 친구 크리톤, 키벨레* 숭배자들의 플루트 소리처럼, 나는 법이 나에게 말하는 이러한 음성만이 분명히 들린다네. 이 말들의 울림이 내 귀에 너무 크게 들려 다른 어떤 말도 들을 수 없다네. 그러니 내가 지금의 신념을 유지하는 한, 자네가 이와 반대되는 말을 하더라도 그것은 헛된 말이 될 것이야. 그런데도 자네가 나를 설득해서 내 마음을 돌릴 수 있다면 한번 말해보게나.

크리톤: 소크라테스, 나는 이제 더는 할 말이 없다네.

소크라테스: 그렇다면 이제 그만하게나. 크리톤, 신이 우리를 이끄는 바로 그 길을 가세.

---

* 키벨레의 사제들인 코뤼반테스는 그들의 신성한 축제에서 플루트 소리로 엄청난 소음을 만들어서 사람들이 다른 어떤 소리도 듣지 못하게 했다.

파이돈

Phaidon

영혼의 불멸

...

소크라테스의 마지막 날,
철학자는 죽음을 두려워하지 않는다며
초연하게 대화를 이어간다.

"사람은 자신의 영혼에 확신을
가져야 한다네."

에케크라테스: 파이돈, 당신은 소크라테스 선생께서 감 [1] 옥에서 독약을 마셨을 때 직접 그 자리에 있었습니까? 아니면 다른 누군가한테 그 이야기를 전해 들었습니까?

파이돈: 내가 직접 그 자리에 있었습니다.

에케크라테스: 그러면 소크라테스 선생께서 돌아가시기 전에 무슨 말을 했는지, 어떻게 돌아가셨는지 말해줄 수 있습니까? 꼭 듣고 싶습니다. 요즘 필리우스*의 시민들은 거의 아무도 아테네를 방문하지 않습니다. 그곳에서 오는 외국인들도 오랫동안 발길이 끊겼습니다. 그들이 알려주는 내용이라고는 선생님께서 독약을 마시고 죽었다는 사실뿐이고, 그 외의 자세한 이야기는 어떤 내용도 들을 수가 없었습니다.

파이돈: 그럼 재판이 어떻게 진행됐는지도 전혀 듣지 [2] 못했겠군요?

---

* 에케크라테스가 속했던 필리우스는 펠로폰네소스 지역의 시키온에 속한 한 도시였다.

에케크라테스: 그렇습니다. 누가 그 얘기를 해주긴 했는데, 재판이 오래전에 끝났는데도 실제로 소크라테스 선생이 돌아가신 때는 그보다 한참 뒤여서 이상하다고 생각했습니다. 파이돈, 왜 그런 것입니까?

파이돈: 우연히 소크라테스 선생에게 유리한 상황이 생겼습니다. 재판 바로 전날, 아테네인들이 델로스로 보낸 배의 끝부분에 장식이 되었기 때문입니다.

에케크라테스: 그 배는 무슨 배입니까?

파이돈: 아테네인들 사이에 전해지기를, 옛날에 테세우스가 열네 명의 소년과 소녀를 크레타로 데려가 자신과 그들을 모두 구해냈을 때 사용한 배라고 하더군요. 그래서 그들은 그때 아폴론에게 서원을 했다고 합니다. 만약 자신들이 구원받는다면, 매년 델로스로 성대한 사절단을 보내겠다고 말입니다. 그 이후로 지금까지 매해 그 약속을 지켜서 신께 사절단을 보낸답니다.

[3]   그런데 사절단을 보낼 때, 얼마 동안 도시를 정화해야 한다고 합니다. 그래서 배가 델로스에 도착했다가 다시 아테네로 돌아올 때까지는 공공 처형을 하지 않는 법이 있습니다. 때때로 바람에 항해가 방해받을 때는 시간이 아주 오래 걸리기도 한답니다. 그래서 소크라테스 선생의 재판과 실제 처형 사이에 간격이 생겨 감옥에서 그

렇게 긴 시간을 보낼 수 있었답니다.

에케크라테스: 그렇다면, 파이돈. 돌아가실 때 상황은 [4] 어땠습니까? 선생은 무슨 말씀을 하셨고 어떤 행동을 했나요? 그리고 친구 중 누가 함께 있었나요? 아니면 혹시 관료들이 친구들과 함께하는 것을 허락하지 않아서, 친구도 없이 홀로 죽음을 맞이했나요?

파이돈: 아닙니다. 몇 명, 사실은 꽤 많은 사람이 그 자리에 함께했습니다.

에케크라테스: 혹시 급한 일이 없고 괜찮으시다면 모든 내용을 될 수 있는 한 자세히 얘기해 주겠습니까?

파이돈: 마침 시간이 괜찮으니 그때의 이야기를 최대한 해보겠습니다. 내가 직접 이야기하든, 누군가의 이야기를 듣든 간에, 소크라테스 선생을 회상하는 일은 언제나 나에게 큰 기쁨이니까요.

에케크라테스: 파이돈, 당신의 이야기를 듣고 싶어 하는 [5] 다른 이들도 분명히 당신과 같은 마음일 겁니다. 그러니 정확히 그때 그분과 관련된 모든 것을 빠짐없이 이야기해 주기를 부탁드립니다.

파이돈: 그 때의 경험은 정말이지 놀라웠습니다. 친구의 죽음을 목격하는 것처럼 그런 슬픔에는 빠지지 않았거든요. 왜냐하면 죽음을 맞이하는 소크라테스 선생의

모습이 저의 눈에는 행복해 보였습니다. 선생은 그의 태도와 말에서 드러나듯 죽음을 너무나도 두려움 없이 고귀하게 맞이했습니다. 그래서 그가 하데스로 간 것은 단순한 운명이 아니라 신의 섭리였으며, 그런 이유로 그가 그곳에 도착하면 그 누구보다도 행복할 것이라는 생각까지 들었습니다. 저는 당연히 무척 슬퍼해야 하는 순간이었지만, 슬픈 상황에서 느끼게 되는 동정심 같은 감정에 휩싸이지 않았습니다. 우리가 늘 해오던 철학 토론에 참여하면서 느꼈던 기쁨과는 또 다른 감정이었습니다. 우리는 소크라테스 선생이 곧 죽음을 맞이할 것이라는 생각을 할 때면 매우 설명하기 힘든, 기쁨과 슬픔이 섞인 묘한 감정을 느꼈습니다. 그 자리에 있었던 모두가 비슷한 감정을 느꼈고, 때로는 웃다가 또 때로는 울기도 했습니다. 특히 아폴로도로스가 그랬습니다. 당신도 그 사람과 그의 성격을 잘 알고 있지요.

에케크라테스: 어찌 모르겠습니까?

[6]   파이돈: 그때 그는 그러한 감정에 완전히 압도당했습니다. 저 또한 그랬고, 다른 이들도 마찬가지였지요.

에케크라테스: 그 자리에 또 누가 있었나요?

파이돈: 아테네 사람으로는 아폴로도로스, 크리토불로스, 그리고 그의 아버지 크리톤이 있었습니다. 또한 헤르

모게네스, 에피게네스, 아이스테네스, 안티스테네스가 있었습니다. 그리고 파이아니아의 크테시포스, 메네크세노스, 그 외에 다른 몇몇 사람이 더 있었습니다. 내 생각에 플라톤은 아팠던 것 같습니다.

에케크라테스: 그곳에 다른 나라에서 온 사람들도 있었습니까?

파이돈: 네, 있었습니다. 테바이에서 온 심미아스, 케베스, 파이돈데스가 있었고, 메가라에서 온 에우클리데스와 테르프시온도 있었습니다.

에케크라테스: 아, 그럼, 아리스티포스와 클레옴브로토 [7] 스는 거기 없었습니까?

파이돈: 네, 없었습니다. 그들은 아이기나에 있었다고 얘기 들었습니다.

에케크라테스: 그 밖에 누가 더 있었나요?

파이돈: 앞에서 말한 사람들이 다였던 것 같습니다.

에케크라테스: 그렇다면 이제 대화의 주제가 뭐였는지 말해줄 수 있나요?

파이돈: 처음부터 모든 것을 차근히 이야기할 수 있도록 노력해 보겠습니다. 그 전날까지, 나와 다른 사람들은 아침 일찍 재판이 열리는 법정 근처에 모여서 함께 소크라테스 선생을 방문하곤 했습니다. 그 법정은 감옥과 가

까웠습니다.

[8]　　감옥이 아주 일찍 문을 열지는 않았지만, 문이 열리면 우리는 소크라테스 선생에게 가서 이야기를 나누며 시간을 보냈습니다. 그러나 그날은 평소보다 좀 더 일찍 모였습니다. 전날 저녁 감옥에서 나올 때 델로스에서 배가 도착했다는 소식을 들었기 때문이었습니다. 그래서 우리는 일찍 모이기로 서로 독려했죠. 우리가 도착했을 때, 우리를 맞아주던 경비가 나와서 기다리라며 부르기 전에는 아직 들어가지 말라고 했습니다. 그러면서 "지금 열한 명의 집행관들이 소크라테스의 족쇄를 풀어주고, 그가 오늘 죽어야 한다는 사실을 알리고 있습니다."라고 말했습니다. 그리고 얼마 지나지 않아 이제 들어가도 좋다고 했습니다.

[9]　　우리가 들어갔을 때, 소크라테스 선생은 막 족쇄에서 풀린 상태였고, 그의 아내 크산티페가 어린 아들을 안고 곁에 앉아 있었습니다. 크산티페는 우리를 보자마자 큰소리로 울며, 이런 상황에서 보통 여인들이 하는 말들을 했습니다. "소크라테스, 이제 당신 친구들과 이렇게 이야기 나누는 것도 마지막이네요." 그러자 소크라테스는 크리톤을 바라보며 말했습니다. "누가 아내를 집에 좀 데려다주겠나?" 그러자 크리톤은 하인 몇 명에게 울부짖고

있는 아내를 데리고 나가라고 했습니다.

소크라테스 선생은 침대 위에 앉아 자신의 다리를 들어 올리고 족쇄를 찼던 부분을 손으로 문지르면서 말했습니다. "친구들이여, 사람들이 이른바 기쁨이라고 부르는 것은 얼마나 이해할 수 없는 것인가. 그리고 그 반대편에 있는 고통과 얼마나 놀랍도록 연관되어 있는가. 이두 가지가 같은 순간에 한 사람에게 존재하지는 않지만, 만약 누군가 하나를 추구해서 얻는다면, 항상 다른 하나도 받아들여야만 하는 것 같다네. 마치 둘이 하나의 근원에서부터 연결된 것처럼 말이네."

그가 이어서 말했습니다. "만약에 이솝이 이 점을 관 [10] 찰했다면, 그는 이런 내용을 바탕으로 우화를 만들었을 거라네. 신이 항상 싸우는 이 둘을 화해시키려 했지만 실패하자, 그들의 머리를 서로 결합했고, 그 결과 한쪽이 움직이면 또 다른 한쪽도 뒤따라오는 일이 생겼다는 줄거리로 말이네. 마치 내 경우처럼 보이지 않나. 이제껏 발에 채워진 족쇄 때문에 고통스러웠는데, 그것을 풀고 나니 이제는 기쁨이 그 자리를 대신하고 있으니 말이네."

그러자 케베스가 그의 말을 끊으며 말했습니다. "제우스를 걸고 맹세하건대, 소크라테스 선생님의 말씀을 듣고 있자니 생각나는 게 있습니다. 선생님이 이솝의 우화에 운율을 넣어 시를 만들고 아폴론에 대한 찬가도 지으시니, 다른 여러 사람이, 특히 최근에 에베노스가 제게 묻더군요. 왜 선생께서 여기 오고 나서야 그런 시를 짓는지 말입니다. 이전에는 전혀 시를 짓지 않으셨는데 말이죠.

[11]   제가 에베노스에게 대답하길 원하신다면, 그 이유를 제게 말씀해 주시겠습니까? 그는 틀림없이 다시 물어볼 것 같습니다."

소크라테스 선생이 대답했습니다. "그렇다면 케베스, 그에게 사실을 전해주게나. 나는 그와 경쟁하거나 그의 시를 능가하려는 마음이 없다는 사실을 말이네. 내가 그의 시를 능가하는 시를 짓는 것이 쉬운 일도 아닐 테고 말이네. 시를 만들어보면 계속 꾸는 꿈들의 의미를 밝힐 수 있을까 싶어 그리했을 뿐이야. 누군가가 꿈에서 음악에 전념하라며 명령을 하는데, 그것이 정말 음악을 뜻하는지 알아보기 위해서 그리한 걸세. 그 꿈은 예전부터 계속 여러 시기에 여러가지 형태로 나를 자주 찾아왔다네. '소크라테스, 음악에 전념하고 그것을 연습하라.'고 말하면서 말이네.

[12]   나는 이전에 이 꿈이 내게 의지를 돋우고 격려하는 의미로 해석했어. 마치 경주하는 이들을 응원하듯이 내가 하고 있는 일들을 계속하라고 격려하는 꿈으로 생각했다

네. 즉, 철학이 가장 고귀한 음악과 같으니, 내가 철학에 헌신하고 있는 것을 지지한다고 말일세. 하지만 재판이 끝나고 신의 축제가 내가 죽을 시기를 미뤄준 것을 알았을 때, 그 꿈이 혹시 나에게 대중적인 음악에 전념하라고 자꾸 나타난 것은 아닌지 생각했다네. 그 꿈이 지시하는 것을 어기지 않고 따르는 것이 더 안전하다고 느꼈기 때문에, 죽기 전에 그 꿈에 순종하여 몇 편의 시를 만들어 보았네. 먼저 그 신의 축제에 맞춰서 신을 찬송하는 시를 지었다네. 그렇게 신에 대해 다룬 뒤, 진정한 시인이 되려면 철학적으로 논증하는 담론이 아니라 우화를 만들어야 한다고 생각했다네. 그래서 내가 알고 있었고 손쉽게 떠올릴 수 있는 이솝의 우화들을 시로 바꾸어 만들어야겠다고 생각하고 그렇게 한 것이라네.

그러니 케베스, 에베노스에게 이 얘기를 전해주고, 그에게 작별을 고해주게. 그리고 그가 현명하다면 될 수 있는 한 빨리 나를 따르라고 전해주게. 나는 오늘 떠날 것 같다네. 아테네 사람들이 그렇게 정했으니 말이네." [13]

이에 심미아스가 말했습니다.

"소크라테스 선생님, 왜 에베노스에게 그렇게 권하십니까? 저는 그를 자주 만나봐서 잘 아는데, 그는 선생의 충고를 따를 만한 사람이 아닌 것 같습니다."

소크라테스 선생이 말했습니다. "그렇다면 에베노스는 철학자가 아닌가?"

심미아스가 대답하기를 "그는 철학자인 것처럼 보입니다."

소크라테스 선생이 말을 이어가기를 "그럼 그는 기꺼이 내 말을 따를 걸세. 철학을 중요하게 생각하는 사람이라면 누구나 그렇게 할 것이라네. 게다가 그는 스스로에게 폭력을 행사하지는 않을 걸세. 사람들이 그리해서는 안 된다고 말하기 때문이라네." 소크라테스 선생은 이렇게 말하면서, 침대 위에 올렸던 다리를 바닥으로 내리고, 그 자세로 남은 논의를 이어갔습니다.

케베스가 소크라테스 선생께 물었습니다. "소크라테스 선생님, 스스로 죽음을 선택하는 것은 불법이라고 말씀하시면서, 철학자는 죽어가는 사람을 따를 준비가 되어 있어야 한다는 말이 도대체 무슨 뜻입니까?"

[14] "이런 케베스, 자네와 심미아스는 필롤라오스*와 함께 이런 주제로 그렇게 대화를 나눴을 텐데도, 그 내용에 대해 들어본 적이 없는가?"

"네, 들어본 적이 없습니다. 소크라테스 선생님."

---

* 크로토나 출신의 피타고라스학파 사람.

"하지만 나도 남들에게서 전해 들은 것들을 말하는 것 뿐일세. 내가 들은 내용을 다 얘기해 주겠네. 이제 곧 여행을 떠날 사람이니 그곳으로 가는 여행길에 관해 묻고 생각하는 것이 가장 적절한 것 같네. 해가 지기 전에 이것 말고 무엇을 할 수 있겠는가?"

"그렇다면 소크라테스 선생님, 왜 사람들은 자살이 옳지 않다고 말할까요? 방금 선생님께서 물으셨듯이, 저는 필롤라오스와 함께 살 때 여러 사람으로부터 자살이 옳지 않다는 얘기를 들었습니다. 하지만 그것이 왜 옳지 않은지에 대해서는 누구에게서도 명확하게 들은 적이 없습니다."

소크라테스 선생이 말했습니다. "그럼, 주의깊게 생각 [15] 해 보게나. 그러면 곧 답을 찾게 될 것이네. 우선 이것만은 모든 다른 것 중에서 보편적인 진리*로 보일 걸세. 다른 모든 일들과 마찬가지로, 어떤 때에 어떤 사람에게는 사는 것보다 죽는 것이 더 나은 경우가 있다네. 그럼에도 불구하고 그들(죽는 것이 더 나은 이들)은 스스로를 죽게 할 수도 없고, 다른 선행자를 기다려야 한다는 것도 자네에게는 이상하게 들릴 걸세."

---

* 즉, '사는 것보다 죽는 것이 더 낫다.'

파이돈

그러자 케베스가 부드럽게 미소를 지으며, 자신의 방 언*으로 말했습니다. "제우스 신은 아실 겁니다."

소크라테스 선생이 말하기를 "사실 비합리적으로 보일 수도 있다네. 하지만 그 자체로 어떤 이유가 있을 걸세. 신비주의 교리**에서의 한 격언에는 우리 인간은 일종의 감옥에 갇혀 있으며, 우리가 그것에서 스스로 벗어나 도망쳐서는 안 된다는 말이 있다네. 이 말은 잘 이해가 되지 않고 쉽게 파악되지도 않네. 하지만 신들은 우리를 돌보고, 우리는 그들의 소유물이라는 말은 옳다고 생각되는데, 자네의 생각은 어떤가?"

"그렇게 생각합니다." 케베스가 대답했습니다.

소크라테스 선생이 이어서 말했습니다. "자네의 하인 중 한 명이 스스로 목숨을 끊었다고 해보세. 자네는 그에게 죽기를 원한다고 암시를 준 적도 없는데 스스로 죽었다면, 자네는 그에게 화가 날 테고, 할 수 있다면 그를 벌하고 싶지 않겠는가?"

"그렇습니다." 케베스가 대답했습니다.

"이와 같은 관점에서 보면, 지금 나에게 주어진 상황

---

* Ιττω는 보이오티아 방언으로 ἴστω의 의미.
** 피타고라스의 교리.

과 같이, 신이 그에게 죽을 필요성을 부여하기 전까지는 스스로 목숨을 끊으려 해서는 안 된다고 주장하는 것이 합리적일지도 모른다네."

케베스가 말했습니다. "실제로 그럴듯해 보입니다. 그 [17] 러나 신이 우리를 돌보시고 우리가 그분의 소유라는 그 말이 이치에 맞다면, 조금 전에 선생께서 철학자들이 죽음을 매우 기꺼이 받아들여야 한다는 말씀과 앞뒤가 안 맞아 보입니다. 가장 지혜로운 자들이 가장 훌륭한 주인인 신들의 보살핌에서 벗어나서 스스로가 자신을 더 잘 돌볼 것이라고 생각할 리가 없지 않겠습니까.

그러나 어리석은 사람은 아마도 자신의 주인에게서 도망쳐야 한다고 생각할 것입니다. 좋은 주인에게서 도망쳐서는 안 되며 가능한 꼭 붙어 있어야 하는데, 그러지 못한 것에 대해 반성하지도 않을 것입니다. 그러므로 그 어리석은 사람은 모든 이유에 반하여 도망칠 것입니다. 그러나 현명한 사람은 자신보다 더 나은 이와 항상 함께 있기를 원합니다. 그러니 소크라테스 선생님, 방금 말씀하신 것과 반대의 일이 일어날 가능성이 큽니다. 왜냐하면 죽음을 맞이하는 것을 슬퍼하는 이들은 지혜롭고, 기뻐하는 이들은 어리석기 때문입니다."

소크라테스 선생은 케베스가 한 말에서 그의 끈질김 [18]

을 보고 흐뭇하게 여기는 듯 보였습니다. 그리고 우리를 향해 말했습니다. "케베스, 자네는 항상 논쟁의 실마리를 찾아내면서 누군가가 한 말을 바로 받아들이려 하지 않는군."

이에 심미아스가 대답했습니다. "하지만 소크라테스 선생님, 이번에는 케베스가 뭔가 적절한 얘기를 한 것 같습니다. 정말로 지혜로운 사람이라면 자신보다 나은 주인에게서 도망칠 이유가 있겠습니까? 그리고 그렇게 쉽게 그들을 떠날까요? 또한 케베스는 선생님의 논지를 겨냥하는 것처럼 보입니다. 왜냐하면 당신과 우리가 인정한 훌륭한 통치자들, 즉 당신 스스로 칭송했던 신들을 이렇게 쉽게 떠나려 한다는 점을 지적하고 있습니다."

소크라테스 선생이 말했습니다. "자네의 말이 옳다네. 자네는 내가 마치 법정에서 하는 것처럼 변론해야 한다고 생각하는 것 같군."

심미아스가 대답했습니다. "물론입니다."

[19] 소크라테스가 말하기를 "자, 그렇다면, 나는 재판관들 앞에서보다 자네들 앞에서 더 성공적으로 나 자신에 대해 변론하도록 노력해 보겠네. 심미아스와 케베스를 위해서 말이네.

만약에 내가 지혜롭고 선한 신들에게로, 다음으로는

이 세상을 떠난 사람들 가운데로, 이곳보다 더 나은 곳으로 갈 것이라고 생각하지 않는다면, 죽음을 슬퍼하지 않는 자체가 잘못된 일일 거라네. 그러나 이제 나는 좋은 사람들 가운데로 간다는 희망을 갖고 있네. 비록 확실히 단언할 수는 없지만 말이네. 하지만 내가 완벽하게 선한 주인들인 신들에게 갈 것이라는 사실은 확실히 단언할 수 있다네. 이 점에서 나는 그리 걱정하지 않는다네. 오래전부터 전해져 내려오듯이 오히려 죽는 자들이 좋은 희망을 기대하지. 그 기다림은 악한 자들보다는 선한 자들에게 훨씬 더 나을 것이라네."

심미아스가 말했습니다. "그렇다면 소크라테스 선생 [20] 님, 그 신념을 혼자 간직한 채 떠나시겠습니까, 아니면 저희에게도 좀 나눠주시겠습니까? 이 선은 우리 모두에게 필요한 공공의 것으로 보입니다. 동시에 우리로 하여금 당신이 말씀하시는 것을 믿도록 설득할 수 있다면, 그것이 당신의 변론이 될 수 있을 것입니다."

소크라테스 선생이 말했습니다. "그렇게 하도록 노력해 보겠네. 하지만 먼저 크리톤의 말을 좀 들어봅시다. 그가 무언가를 말하고 싶어 하는 것 같아서 말이야."

크리톤이 말했습니다. "다른 게 아니라 소크라테스, 독약을 줄 사람이 자네에게 말을 전해달라고 하더군. 자네한테 말을 너무 많이 하지 말라고 말이네. 왜냐하면 말을 너무 많이 하게 되면 몸에서 열이 날 것이고, 그러면 독이 몸에 잘 퍼지지 않는다고 해. 독약을 두 번 세 번도 더 마신 사람도 있다고 하더군."

이에 소크라테스가 대답했습니다. "그를 그냥 놔두게. 자기 일을 하라고 하게나. 필요하다면 독약을 두 번이고 세 번이고 준비하라고 하면 된다네."

[21]   "나는 자네가 그렇게 말할 줄 알고 있었어. 하지만 그 사람이 나한테 한참 동안 너무나도 성가시게 굴었다네." 라고 크리톤이 말했습니다.

소크라테스가 다시 말하기를 "그를 너무 신경 쓰지 마시게. 나는 이제 나의 재판관들인 자네들에게 설명하고 싶다네. 철학에 진정으로 헌신하는 사람이 죽음을 앞두고도 자신감을 갖고, 이 세상을 떠난 뒤에 다른 세상에서 가장 위대한 선을 얻을 수 있으리라는 굳은 희망을 품고 있는 이유에 대해서 말이네.

심미아스 그리고 케베스, 내가 죽음 앞에서 어떻게 희망을 보게 되었는지 설명해 보겠네. 철학에 올바르게 몰두하는 사람들이라면 누구나 죽는 것에만 관심을 가지고, 죽음에 이르는 것 외에는 아무 목표도 없는 것처럼 보인다네. 그런데 평생 죽음 외에는 아무것도 관심 두지 않고 오직 그것만을 추구했던 사람이, 막상 죽음이 앞에 닥쳤을 때 슬퍼한다면 진정 터무니없는 짓일 것이네."

이 말을 듣고 심미아스가 미소를 지으며 말했습니다. [22] "소크라테스 선생님, 제우스께 맹세코 지금은 전혀 웃고 싶은 기분이 아니지만, 선생께서 저를 웃게 만드시네요. 왜냐하면 제 생각에는 사람들이 이 말을 들으면 선생님께서 철학자들에 대해 아주 적절하게 말씀하셨다 생각할 것이고, 특히 우리 지방 사람들은 진정한 철학자들이 죽음을 갈망하여, 그들은 자신들이 죽임을 당할 수 있다는 사실을 절대 모르지 않는다는 당신의 말에 동의할 것입니다."

"심미아스, 그들의 말은 진실일 거야. 다만 그들이 무지하지 않다고 주장하는 점은 제외하고 말이네. 왜냐하면 그들은 진정한 철학자들이 어떤 의미에서 죽음을 갈망하며, 또 어떤 의미에서 죽임을 당할 수 있는지, 그리고 어떤 종류의 죽음을 말하는지에 대해 제대로 알지 못한다네. 그들은 생각하지 말고 우리끼리 이야기 나눠보게나. 죽음이 과연 실체로서 존재한다고 생각하는가?"

그러자 심미아스가 대답했습니다. "물론입니다."

"그렇다면 죽음이란 몸과 영혼이 분리되는 것 말고 다 [23] 른 무엇이겠는가? 그리고 죽는다는 것은 육체가 영혼과 따로 존재하게 되며, 영혼도 육체에서 분리되어 따로 존재하게 되는 것 아닌가? 죽음이 이 외에 또 다른 무엇이 있겠는가?"

"아니요, 그것 말고는 없는 것 같습니다."라고 심미아스가 대답했습니다.

"자, 그럼, 자네도 나와 같은 생각인지 이 부분에 대해 생각해 보게. 이렇게 하면 우리가 논의하고 있는 주제를 더 잘 이해할 수 있을 것 같네. 자네는 먹고 마시는 것과 같은 쾌락에 빠지는 일이 철학자가 해야 할 일이라고 생각하는가?"

그러자 심미아스가 대답했습니다. "아닙니다. 절대 그렇지 않습니다."

"그렇다면 철학자가 사랑의 쾌락에 빠지는 것에 대해서는 어떻게 생각하는가?"

"그것도 절대 안 됩니다."

[24] "그렇다면 진정한 철학자는 다른 육체적 쾌락을 가치 있게 여긴다고 생각하는가? 예를 들어, 훌륭한 의복과 신발 그리고 몸을 치장하는 다른 장식들을 소유하는 것을 중요하게 여기는 것 같은가? 아니면 단지 필요로 사용하는 것 외에는 경멸하는 것 같은가?"

그가 대답했습니다. "진정한 철학자들은 그런 것들을

경멸하는 것처럼 보입니다."

소크라테스 선생이 이어서 말했습니다. "그렇다면 그런 철학자의 모든 활동은 신체에 관한 것이 아니라, 신체로부터 자신을 최대한 분리해 내고 자신의 영혼에 전념하는 것처럼 보이지 않는가?"

"네, 그렇게 보입니다."

"그렇다면 철학자는 영혼을 육체에서 해방하기 위해 애쓰는 사람이라고 봐야 하지 않겠나?"

"그런 것 같습니다."

"심미아스, 대부분의 사람은 몸과 관련된 것에서 즐거 [25] 움을 찾지 않거나 그런 즐거움을 누리지 않으면, 왜 사는지 모르겠다고 생각한다네. 몸을 통해 얻을 수 있는 쾌락에 관심을 두지 않는 사람은 거의 죽음에 가까운 사람들이라고 생각하지."

"정말 그런 것 같습니다."

"하지만 지혜를 추구하는 것에 대해서는 어떻게 생각하는가? 누군가가 몸을 동반자로 삼아 지혜를 추구한다면, 그 몸은 장애물인가 아닌가? 내가 의미하는 바는 이것이라네. 사람들이 진리를 전달하는 것이 시각과 청각인가, 아니면 시인들이 항상 노래하듯이, 우리의 시각과 청각은 그 무엇도 정확하게 전달할 수 없는가? 만약에 육체의 감각들이 정확하지도 않고 명확하지도 않다면, 다른 감각들은 훨씬 더 형편없지 않겠는가? 다른 감각들은 이 감각들보다 훨씬 열등하니 말일세. 그렇게 생각하지 않는가?"

"확실히 그렇습니다."라고 그가 대답했습니다.

[26]   소크라테스 선생이 말하길 "그러면 영혼은 언제 진리를 발견하겠는가? 영혼이 몸과 연결되어 무언가를 생각하려고 시도할 때, 그 몸으로 인해 혼란에 빠지는 것은 분명하지 않은가?"

"맞습니다."

"그러면 영혼이 실제로 존재하는 것들을 알게 되는 것은 바로 이성적 사고를 통해서만 가능하지 않겠는가?"

"네, 그렇습니다."

"그러면 확실히 영혼은 듣거나 보거나, 어떤 종류의 고통이나 쾌락에 방해받지 않을 때, 즉 최대한 스스로 안으로 물러나 몸을 떠나며, 가능하면 몸과 교류하거나 접촉하지도 않고 존재하고자 탐구할 때 진정으로 잘 사고하지 않겠는가?"

"그렇습니다."

"그렇다면 철학자의 영혼은 몸을 경멸하고, 몸으로부터 도망가서 스스로 안으로 물러나는 것 아니겠는가?"

"그런 것 같습니다."

"심미아스, 그런데 이런 것들은 어떻게 생각하는가? [27] 정의란 있는가, 아니면 없는가?"

"제우스에게 맹세컨대, 있다고 생각합니다."

"미와 선 역시 그 자체가 있는가?"

"왜 아니겠습니까?"

"그렇다면 자네는 이것들 중에 하나라도 눈으로 본 적이 있는가?"

"당연히 없습니다."라고 심미아스가 대답했습니다.

"그렇다면 자네는 몸의 다른 감각을 통해 이것들을 느낀 적이 있는가? 예를 들어 크기, 건강, 힘, 그러니까 한마디로 말해서 모든 것의 본질에 대해 말하는 것이라네. 즉, 각각의 것이 무엇인지에 대한 본질 말이네. 이러한 본질들의 정확한 진리는 몸을 통해 지각되는가, 아니면 우리 중 누구든 가장 깊이 있고 정확하게 숙고할 준비가 되어 있는 사람에게 그 지식이 가까이 다가가는가?"

"당연히 후자입니다."

"그렇다면 만약 어떤 사람이 오직 정신적 능력에 따라 [28] 각 주제에 접근하고, 시각적 능력을 사용하지 않으며, 다른 감각들을 끌어들이지 않은 채 오직 순수한 사고만을 활용하여, 영혼이 진리와 지혜를 얻는 것을 막는 눈과 귀

파이돈

같은 신체의 모든 기관으로부터 자유롭게 각 본질을 탐구하고자 한다면, 가장 순도 높은 진실을 얻어낼 수 있지 않을까? 심미아스, 만약 실제로 존재하는 그대로 진실에 도달할 수 있는 사람이 있다면, 바로 이런 사람이지 않겠는가?"

[29]   "정말 놀라운 진리의 말씀입니다. 소크라테스 선생님." 하고 심미아스는 대답했습니다.

소크라테스 선생이 말을 이어갔습니다. "이 모든 이유로 진정한 철학자라면 필연적으로 그런 생각을 지닐 수밖에 없고, 이렇게 말할 수밖에 없다네. 우리의 영혼이 육체와 더불어 있는 동안은 마치 악과 같은 것에 결합해 있어서 우리가 원하는 것, 즉 우리가 진실이라고 말하는 것을 충분히 얻을 수 없고, '이성만이 우리의 논의를 끌어내는 사상의 길로 인도해 준다'고 말이네. 몸은 생존하는 데 필요한 무수하게 많은 활동을 하네. 더구나 질병이라도 걸리게 되면 우리가 진리를 탐구하는 데 많은 방해를 받게 되지. 또한 몸에는 욕망, 갈망, 두려움, 온갖 환상, 그리고 수많은 어리석음이 가득 차 있네. 사실대로 말하면 우리는 몸 때문에 어떤 것을 생각하고 사유하는 것 자체의 진전을 이루기가 거의 불가능하다네.

[30]   그리고 바로 그 몸과 욕망 때문에 싸움, 폭동, 전쟁이

일어난다네. 모든 전쟁은 결국 부를 얻고자 하는 욕망에서 비롯되며, 우리는 몸을 섬기는 노예가 되어 부를 축적하도록 강요받네. 이런 모든 이유들이 우리가 철학을 추구하는 데 방해가 된다네. 그중에서도 가장 나쁜 것은 몸이 우리에게 여유를 조금이라도 허락한다고 해도, 우리가 어떤 주제를 숙고하려고 할 때마다 몸이 끊임없이 그 한가운데에 끼어들어 문제와 혼란을 일으킨다는 사실이네. 결국 몸은 우리를 혼란에 빠뜨려 진리를 깨닫지 못하게 한다네. 그러므로 우리가 어떤 것을 순수하게 알고자 한다면, 몸과 분리된 순수한 영혼만으로 그것을 바라보아야 한다네. 그렇게 하면 우리가 원하는 것, 즉 우리가 사랑하는 지혜를 얻을 수 있을 터인데, 이 지혜는 우리가 죽은 후에나 비로소 가능하지 않겠나. 우리가 살아 있는 동안에는 불가능할 것 같네.

몸과 결합한 상태로는 그 어떤 것도 제대로 아는 게 [31] 불가능하다는 사실은 우리는 결코 그 지식을 얻을 수 없거나 죽은 뒤에야 비로소 알게 된다는 뜻이네. 죽은 뒤에야 비로소 영혼이 몸과 완전히 분리되어 스스로 존재할 수 있으며, 살아 있는 동안은 그럴 수 없기 때문이라네. 그나마 우리가 살아 있는 동안 지식에 가장 근접하게 접근할 수 있는 방법은 절대적으로 필요할 때를 제외하고는 몸과 어떤 관계나 교류도 맺지 않으며, 몸의 본성으로 인해 자신을 오염시키지 않도록 그것으로부터 자신을 정화하는 것이라네.

그렇게 하다가 신께서 우리를 해방하실 때, 우리는 정화된 상태로 몸의 어리석음에서 벗어나며 아마도 우리와 같은 이들과 함께하게 될 것이라네. 그러면서 우리는 스스로 존재의 전체적인 본질을 알게 되겠지. 아마도 그것이 진리일 것이네. 왜냐하면 순수하지 못한 자는 순수한 것에 이를 수 없기 때문이라네. 나는 이런 것들이 모든 진정한 지혜를 수호하는 이들이 반드시 서로 생각하고 말해야 하는 내용이라고 생각하네. 자네도 그렇게 생각하는가, 심미아스?"

"물론 그렇습니다. 소크라테스 선생님."

[32] 소크라테스 선생이 말했습니다. "이것이 사실이라면, 내가 가고자 하는 곳에 도달하는 자에게는 큰 희망이 있네. 바로 그곳이 우리가 지난 삶에서 그렇게 큰 노력을 기울이며 진정으로 도달하고자 했던 곳이니 말이야. 그래서 지금 나는 큰 희망을 품고 떠날 예정이라네. 자기의 영혼이 정화되었다고 생각하는 사람이라면 누구나 다 그럴 것이라네."

"그렇군요." 심미아스가 대답했습니다.

"하지만 앞서 우리가 대화한 것처럼, 영혼을 깨끗하게 정화하는 일은 영혼을 최대한 몸으로부터 분리하고, 영혼이 모든 면에서 몸에서 벗어나 스스로 집중하고 자신을 온전히 모으는 데 익숙해지도록 하는 것이라네. 그러니 지금이나 죽은 뒤에나 마찬가지로 최대한 영혼이 홀로 머물도록 습관을 들이는 것이 중요하지 않겠는가? 몸이 족쇄에서 풀려나는 것처럼 말일세."

그는 대답했습니다. "네, 맞습니다."

"그러면 영혼이 몸으로부터 해방되고 분리되는 것을 [33] 바로 죽음이라고 부르는 것이 아닐까?"

"네, 물론 그렇습니다."라고 그는 대답했습니다.

"우리가 말했듯이 철학을 올바르게 추구하는 사람들은 오로지 영혼이 해방되기를 열망한다네. 몸으로부터 영혼을 해방하고 분리하는 것이 바로 철학자들이 하는 연구가 아니겠는가?"

"그렇게 생각합니다."

"그러니 내가 처음에 말했듯이 평생을 죽음에 가까이 가려고 애쓰던 사람이 막상 죽음이 닥쳤을 때 슬퍼한다면 그 얼마나 우스꽝스러운 일이겠는가?"

"어떻게 그렇지 않겠습니까?"

소크라테스 선생이 이어서 계속 얘기했습니다. "심미

아스, 그래서 실제로 철학을 올바르게 추구하는 사람들은 죽음을 공부한다고 할 수 있다네. 그들은 모든 사람 중에서 죽음이 가장 두렵지 않은 이들일 걸세. 이것을 보고 판단해 보게. 그들은 몸을 철저하게 미워하고 영혼이 스스로 존재하기를 원하는데, 실제로 이런 일이 일어났을 때 두려워하고 슬퍼하며 평생 그리도 열망했던 곳으로 가는 것을 기뻐하지 않는다면 그것은 이치에 맞지 않는 일이 아니겠는가? 그들은 평생 지혜를 갈망해 왔고, 드디어 그것을 얻을 수 있는 곳으로 가는데 말일세.

[34] 많은 사람이 자신이 사랑하는 사람들, 아내나 자식과 함께하기를 원하여 자발적으로 하데스로 내려가기를 원하지 않는가? 그런데 진정으로 지혜를 사랑하고, 하데스가 아니면 그 어디에서도 진정한 지혜를 얻을 수 있는 곳이 없다는 사실을 아는 사람이 있다고 해보세. 그런 사람이 죽음을 슬퍼하며 그곳 가까이에 가기를 거부하겠는가? 만약 그가 진정한 철학자라면 그가 기쁘게 그곳으로 가리라고 생각해야 한다네. 그는 오직 그곳에서만 순수한 지혜를 얻을 수 있다고 굳게 믿고 있기 때문이라네. 그러니 방금 내가 말했듯이, 그런 사람이 죽음을 두려워한다면 그것은 매우 비합리적인 일이 아니겠는가?"

"네, 정말로 그렇습니다. 제우스 신을 걸고 말입니다."

소크라테스 선생이 다시 이어서 말했습니다. "그렇다 [35]
면 죽음을 앞두고 슬퍼하는 사람을 보면 그가 지혜를 사
랑하는 사람이 아니라 몸을 사랑하는 사람이라고 생각할
만하지 않은가?"

"네, 선생께서 말씀하신 그대로입니다." 그가 대답했
습니다.

소크라테스 선생이 말하기를 "그렇다면 심미아스, 이
른바 용기라는 것은 특히 철학자들에게 속하는 것이 아
니겠는가?"

"물론 그렇습니다."

"절제도 마찬가지라네. 대중이 절제라고 부르는 것,
즉 욕망에 휩쓸리지 않고 그것을 경멸하며 억제하는 것
이야말로 몸을 가장 경멸하고 철학 연구에 전념하는 사
람들에게 속하는 일이 아니겠나?"

"당연히 그렇습니다."

소크라테스는 계속 말했습니다. "용기와 절제가 있는 [36]
다른 사람들을 생각해 본다면, 그들은 그런 행동을 불합
리하다고 볼 것이라네."

"어째서 그렇습니까? 소크라테스 선생님."

그가 대답하기를 "자네도 알다시피 다른 많은 사람은
죽음을 큰 악의 하나로 여긴다네. 그렇지 않은가?"

"네, 그렇습니다."

"용감한 이들은 더 큰 악을 두려워하기 때문에 죽음을 감내하지 않는가?"

"그런 것 같습니다."

"그러니 철학자를 제외한 모든 사람은 두려움과 공포 때문에 용감해지는 거라네. 그런데 두려움과 비겁함으로 인해 용감해진다면 좀 모순이지 않은가?"

"그렇습니다."

"그들 중에서 욕망을 억누르고 절제한다는 사람들도 같은 방식으로 영향을 받는 것은 아닌가? 그들이 자신의 무절제를 지키려고 절제를 실천하는 것은 아닌가 말이네. 어쩌면 이것이 불가능하다고 말할 수도 있겠지만, 그런데도 그들의 이러한 어리석은 절제는 이와 유사한 방식이라네.

그들은 어떤 즐거움을 빼앗기는 것을 두려워하고 그것을 지켜내기 위한 갈망으로 그 즐거움을 포기하는 것이라네. 그리고 무절제를 즐거움이라고 생각하지만, 실제로는 어떤 즐거움에 지배당함으로써 다른 즐거움이 제압되는 것이지. 방금 말했듯이 그들은 무절제를 지키기 위해 절제하는 것이라고 할 수 있네."

"정말 그렇군요."

"친애하는 심미아스, 즐거움은 즐거움으로, 고통은 고 [37]
통으로, 두려움은 두려움으로, 더 큰 것을 더 작은 것으로
마치 돈을 교환하는 것처럼 교환한다면 이는 미덕에 대
한 올바른 교환이 아니라네. 이 모든 것과 교환해야 하는
것은 바로 지혜라는 동전뿐이네. 우리가 이 모든 것을 다
팔아서 교환해야 하는 것은 지혜라네. 그리고 지혜와 함
께하는 것은 불굴의 용기와 절제와 정의, 즉 한마디로 진
정한 미덕이네. 즐거움과 두려움, 그리고 이와 같은 다른
모든 것이 있든 없든 말이네. 하지만 지혜와 분리된 상태
의 그것들이 서로 교환될 때 그 미덕은 그저 단순한 껍데
기에 불과하네. 실제로는 속박된 것이고, 견고하지도 않
고, 진실도 없다는 사실을 생각해 보게나. 그러나 진정한
미덕은 이러한 모든 것으로부터 정화되어 있다네. 절제,
정의, 용기, 그리고 지혜를 추구하는 자체가 일종의 정화
를 시작하는 입문 과정이라네.

그리고 우리를 위해 밀교를 창시한 이들도 결코 경멸 [38]
받을 만한 사람들이 아니었음을 알 수 있네. 그들은 이미
오래전부터 이런 얘기를 해왔다네. 속죄하지 못하고 밀
교에 입문하지 못한 채 하데스로 가는 사람들은 진흙 구
덩이 위에 눕게 될 것이며, 정화되고 입교한 채 하데스에
도착한 사람들은 그곳에서 신들과 함께 거하게 될 것이

라고 말이네. 밀교를 주관하는 자들은 '지팡이를 들고 다니는 사람은 많으나, 진정으로 깨달은 사람은 별로 없다'고 말했다네. 그런데 내 생각에는 이 진정으로 깨달은 자는 다름 아닌 올바르게 철학을 추구해 온 사람들을 말하는 것 같네. 나도 그들 중 하나가 되었으면 좋겠네. 나는 나의 능력이 닿는 한 모든 수단을 가리지 않고 최선을 다해 노력해 왔네. 그러나 내가 올바르게 노력했는지, 어느 정도까지 성공했는지는 내가 하데스에 도착했을 때 신의 뜻에 따라 아주 짧은 시간 안에 분명히 알게 되겠지."

[39]   소크라테스 선생이 덧붙여 말하기를 "그러므로 심미아스, 케베스여. 이것이 내가 자네들과 나의 스승들을 떠나는데도 근심하거나 슬퍼하지 않는 이유이자 나의 변론이라네. 나는 저곳에서나 이곳에서나 마찬가지로 훌륭한 스승들과 친구들을 만나게 될 것이라는 믿음을 갖고 있다네. 그러나 일반 대중들에게 이것은 믿기 어려운 이야기일 거야. 하지만 만약 내가 자네들에게 한 내 변론의 내용이 아테네 배심원들에게 했던 것보다 더 잘 받아들여졌다면 그것으로 되었다네."

소크라테스 선생이 이렇게 말하자 케베스가 말을 이어갔습니다. "소크라테스 선생이시여, 나머지 말씀은 모두 다 옳게 들립니다. 하지만 많은 사람은 당신이 영혼에 대해 말씀하신 부분을 크게 의심할 것입니다. 그들은 영혼이 몸에서 분리되면 더 이상 존재하지 않는 상태가 되며, 그래서 사람이 죽는 그날에 결국 파괴되어 사라진다고 믿으며 두려워합니다. 영혼이 몸에서 분리되어 나가면 그 즉시 숨결이나 연기처럼 사방으로 흩어져서 사라지고 어디에도 존재하지 않는다고 믿습니다. 하지만 영혼이 어딘가에서 스스로를 온전히 유지하며, 선생께서 방금 나열한 악으로부터 자유로워진다면, 그리고 그것이 사실이라면 죽는다 해도 풍부하고 선량한 희망이 넘칠 것입니다.

하지만 죽은 사람의 영혼이 계속 존재하며 활동성과 [40] 지성을 가진다는 사실을 믿게 하려면 아마도 많은 설득과 증명이 필요할 것입니다."

소크라테스 선생이 대답했습니다. "맞네. 그렇다면 우리는 어떻게 해야 하겠는가? 그럼 이런 점들이 사실일지 아닐지 논의를 해보겠는가?"

"물론입니다. 기꺼이 선생님의 의견을 듣고 싶습니다." 케베스가 대답했습니다.

소크라테스 선생이 이어서 말하기를 "내가 지금 하는 말을 누군가가 듣는다면, 설령 그 사람이 희극작가라고 하더라도, 내가 헛소리하거나 자신과 상관없는 주제에 대해 떠든다고 말하지는 않을 것 같네. 그러니 자네들이 원한다면 이 문제를 조금 더 살펴보세.

우선 이 관점에서 생각해 보게나. 죽은 사람들의 영혼이 저승에 존재하는지 아닌지에 대한 것 말이네. 아주 먼 예로부터 전해 내려오는 말에 따르면, 죽은 사람의 영혼이 저승에 존재하며 다시 태어나 산 자의 영혼이 된다지.

[41] 만약에 이 말이 사실이라면 살아 있는 이들이 죽은 자들로부터 생겨난다는 것은, 결국 우리의 영혼이 죽은 후에도 그렇게 존재한다는 것 외에 달리 결론을 내릴 수 없지 않겠는가? 왜냐하면 영혼이 존재하지 않는다면 다시 태어나는 것도 불가능하기 때문이네. 그리고 실제로 바로 죽은 자에 의해 다시 태어나는 것이 분명하다면, 그것만으로도 사람이 죽은 후에도 영혼이 계속 존재한다는 증명이 되네. 그러나 그렇지 않다면 또 다른 논증이 필요하겠지."

"그렇습니다."라고 케베스가 대답했습니다.

소크라테스 선생이 계속 말하기를 "더 확실히 알아보고 싶다면 이것을 사람에게만 한정 지어서 생각하지 말고, 모든 동물이나 식물, 즉 생식을 통해 세대를 이어가는 모든 것을 대상으로 삼아서 문제를 생각해 봐야 할 걸세. 그것들이 모두 반대되는 것들로부터 생겨났는지를 살펴보자고. 예를 들어, 고귀한 것은 비천한 것에 반대되며, 정의로운 것은 부정한 것에 반대되는 것처럼, 수많은 것들도 마찬가지로 반대되는 것이 존재하네.

그러면 모든 반대되는 것들이 반드시 그 반대되는 것 [42] 에서부터 생성되어야 하는지에 대해 생각해 보게나. 예를 들어 어떤 것이 더 커진다면, 이전에는 더 작았던 것에서 더 커지게 된 것 아니겠는가?"

"그렇습니다."

"그리고 더 작아진다면 이전에는 더 컸던 것에서 더 작아지게 되는 것이겠지?"

"그렇지요."

"그렇다면 더 강한 것에서 더 약한 것으로, 더 느린 것에서 더 빠른 것으로 이렇게 변화하는 것들도 마찬가지겠지?"

"물론입니다."

"자, 그럼, 어떤 것이 더 나빠진다면, 반드시 이전에는 더 나은 상태였던 것에서 더 나빠진 것이겠지? 그리고 더 정의로워진다면, 반드시 이전에는 더 부정한 상태였던 것에서 더 정의로워진 것이겠지?"

"네, 당연합니다."

"지금 우리는 모든 것이 이처럼 반대되는 것들로부터

생성된다는 것을 규명했다네."

"그렇습니다."

"그럼, 그다음으로는 이 반대되는 두 가지 사이의 상호적이고 이중적인 생성 과정이 존재해서 반대되는 것들 중에 어느 하나로부터 또 다른 하나가 생겨나고, 그렇게 생겨난 것은 자신의 반대되는 또 하나로 되돌아가는 것에 대해 살펴보아야 하지 않겠나? 예를 들어 더 큰 것과 더 작은 것 사이에는 증가와 감소가 있으며, 따라서 우리는 하나를 증가라고 부르고 또 다른 하나를 감소라고 부르지 않는가?"

"그렇습니다."라고 그가 대답했습니다.

[43] "그리고 분리되고 결합하는 것, 차가워지고 따뜻해지는 것을 비롯한 모든 것이 마찬가지로, 비록 때로는 지칭할 이름이 없을지라도, 반드시 서로로부터 생성되고, 상호적인 생성 과정을 거치며 존재하게 되는 것이 필연적이지 않겠는가?"

"그렇습니다."라고 그가 대답했습니다.

소크라테스 선생이 이어서 말하기를 "그럼 다음으로, 마치 깨어남의 반대되는 것이 잠듦인 것처럼, 당연히 생명도 반대되는 것이 있지 않겠는가?"

"물론입니다."라고 그가 대답했습니다.

"그게 무엇인가?"

"죽음입니다."라고 그가 이어서 대답했습니다.

"그렇다면, 이들은 반대되는 것이므로 서로가 서로로 부터 생성되지 않았겠는가? 즉 이들 사이의 생성 방식이 양방향이지 않겠는가?"

"어떻게 아닐 수 있겠습니까?"

소크라테스 선생이 이어서 말했습니다. "내가 방금 언 급한 반대되는 것 한 쌍과 그것의 생성 방식을 자네에게 설명해 보겠네. 그리고 자네는 다른 한 쌍의 반대되는 것 들과 그것의 생성 방식에 대해 말해보게. 내가 말할 서로 반대되는 것은 잠듦과 깨어남이라네. 잠듦에서 깨어남이 생성되고, 깨어남에서 잠듦이 생성된다네. 그리고 이들 의 생성 방식은 잠드는 것과 깨어나는 것이라네.

내가 자네에게 충분히 설명했는가? 아니면 그렇지 않 [44] 은가?"

"충분히 설명되었습니다."

"그럼 자네가 사람과 죽음에 대해 내가 말했던 방식대 로 말해보게. 자네는 살아 있는 것과 죽어 있는 것이 서 로 반대된다고 말하겠지? 그렇지 않은가?"

"네, 그렇습니다."

"그리고 그것들이 서로로부터 생성된다고도 말할 것

이고?"

"그렇습니다."

"그럼, 생명으로부터 무엇이 생성되는가?"

"죽음입니다."라고 그가 대답했습니다.

소크라테스가 계속 묻기를 "그러면 죽음으로부터는 무엇이 생성되는가?"

"결국 생명이라고 답할 수밖에 없겠군요."라고 그가 대답했습니다.

"그렇다면 케베스, 살아 있는 것들과 살아 있는 사람들은 죽음으로부터 생성되는 것이군."

"그런 것 같습니다."

소크라테스 선생이 말하기를 "그러므로 우리의 영혼은 하데스에 존재한다네."

"물론입니다."

소크라테스 선생은 계속 말했습니다. "그렇다면 어떻게 해야겠는가? 죽는 것을 생명의 반대 과정인 생명이 없어지는 것으로 본다면, 자연도 역시 그 반대의 과정이 없어지는 것이 아닌가? 그러니 죽음에 반대되는 것을 인정해야 하지 않겠는가?"

"꼭 그래야 할 것 같습니다."

"그럼 죽음에 반대되는 그것이 무엇인가?"

"살아나는 것입니다."

"살아나는 것이 존재한다면, 그것은 죽어 있는 것으로부터 살아 있는 것으로 생성되는 과정에서 비롯되었겠지?"

"물론입니다."

"따라서 우리는 살아 있는 자는 죽어 있는 자로부터 생성되며, 죽어 있는 자 역시 살아 있는 자로부터 생성된다는 것에 동의했네. 이러한 사실은 죽은 자들의 영혼이 반드시 어딘가에 존재하고 있다가 거기로부터 와서 다시 또 새롭게 태어난다는 충분한 증거가 된다고 생각하네."

그가 말하기를 "소크라테스 선생님, 그런데 이것은 저 [45] 희가 인정한 것들로부터 필연적으로 따라오는 결론인 것 같습니다."

소크라테스가 대답하기를 "오! 케베스, 자 보게나. 우리가 지금까지 동의한 것들이 부적절하지 않다는 것이 분명하지 않은가? 만약에 하나의 대상이 그 반대되는 것을 생성하고 그렇게 생성된 것이 또다시 자신과 반대되는 것을 생성하면서 마치 순환하듯이 서로를 반복하는 방식이 아니라, 단지 한 방향으로 생성되고 다시 그 반대 방향으로 돌아가거나 자신의 과정을 되풀이하지 않는다면, 결국에는 모든 것들이 서로 반대되는 것이 존재하지 않게 되고, 모두 하나의 똑같은 형태와 하나의 똑같은 상태가 되어서 생성 자체가 멈추게 될 것이라고는 생각하지 않는가?

"무슨 말씀인지 잘 모르겠습니다."라고 케베스가 물었습니다.

소크라테스 선생이 대답했습니다. "내가 말하고자 하는 것은 전혀 어려운 내용이 아니라네. 예를 들어, 잠에 빠지는 일이 있지만 잠에서 깨는 반대되는 과정이 없다면, 결국 엔디미온(그리스 신화 속에 나오는 영원히 잠든 양치기 미소년)에 관한 이야기가 무의미하다는 말이네. 만약에 그렇다면 이 이야기는 주목받지도 못했을 거라네. 모든 것들이 계속 한 방향의 상태, 즉 잠든 상태가 될 것이기 때문이지. 또 만약 모든 것들이 서로 뒤섞이고 절대 분리되지 않는다면, 아낙사고라스의 '모든 것은 함께 존재하게 될 것이다'라는 말처럼 결국 돼버리겠지.

[46] 마찬가지로 나의 케베스여, 만약에 생명을 가진 모든 것이 다 죽고, 그 죽은 것들이 죽은 뒤에도 그 상태로 남아 있으며 다시 살아나지 않는다면, 결국에는 모든 것들이 죽음에 이르게 되고, 살아 있는 것은 아무것도 없게 된다는 결론이 필연적으로 따라오지 않겠는가?"

케베스가 대답하기를 "그 어떤 것도 그것을 막을 수

없을 것 같습니다. 선생님께서 말씀하시는 것이 정확한 진리인 것 같습니다."

소크라테스 선생이 이어서 말했습니다. "왜냐하면 케베스, 내가 보기에는 그것은 틀림없는 사실이라네. 우리가 무언가 착각에 빠져서 인정한 것이 아니라는 말이네. 다시 살아나는 일도 사실이며, 살아 있는 것들이 죽은 것들로부터 생성되는 것도 사실이며, 죽은 자들의 영혼이 계속 존재해 선한 이들은 더 선해지고 악한 존재는 더 악해진다는 것 역시 사실이라네."

케베스가 그의 말을 가로채며 말하기를 "소크라테스 [47] 선생님, 당신이 정말로 자주 제기하는 그 가르침, 우리가 무언가를 배운다는 건 단지 기억해 내는 것일 뿐이라는 그 가르침이 맞다면, 지금 우리가 기억하는 것은 과거의 어느 시점에서 이미 배웠어야 한다는 의미이지요. 그러니 이는 우리의 영혼이 지금 이 인간의 형태로 오기 전에 어딘가에 존재했음을 전제하지 않고서는 불가능합니다. 그러기에 이 점에서도 영혼이 불멸의 것임이 확실한 것 같습니다."

심미아스가 케베스를 가로막으며 말하기를 "하지만 케베스, 그 기억해 내는 것과 관련된 내용의 증거들이 무엇인가? 나에게 그것들을 상기시켜 주게나. 지금은 그 내용이 잘 기억나지 않아."

[48] 케베스가 대답했습니다. "그것을 증명할 수 있는 아주 놀라운 증거가 하나 있다네. 누군가가 어떤 질문을 제대로만 던진다면 답변하는 사람도 제대로 답을 할 걸세. 그러나 이때 대답하는 사람에게 올바른 지식과 이성이 없다면, 결코 제대로 된 답을 할 수 없을 거라네. 또한 사람들에게 도표나 그와 비슷한 것들을 보여주면 그것이 사실임이 아주 분명하게 드러난다고 하네."

소크라테스 선생이 말하기를 "그렇지만 심미아스, 만약 자네가 설득되지 않는다면 우리가 함께 이 문제를 좀 살펴봤으면 좋겠는데, 자네는 어떻게 생각하나? 자네가 배우는 것이라고 말하는 그것이 배우는 것이 아니라 기억해 내는 것이라는 데 의심이 가는가?"

그러자 심미아스가 대답했습니다. "아니요, 저는 선생님의 가르침을 믿지 않는 것이 아니라, 우리가 지금 말하고 있는 그 내용에 대해 정확하게 기억하고 싶을 뿐입니다. 그리고 사실, 케베스가 말하기 시작할 때 저도 배웠던 기억이 나서 이해되었습니다. 그렇지만 저는 여전히 그것을 어떻게 증명해야 할지 묻고 싶습니다."

소크라테스 선생이 말하기를 "나는 이렇게 말할 수 있을 것 같네. 만약에 누군가가 무언가를 상기한다고 하면,

이전에 어딘가에서 그는 무엇을 이미 알고 있었다는 것이지?"

"확실히 그렇습니다."라고 심미아스가 대답했습니다.

"그렇다면 지식이 특정한 방법 안에서 그것에 대한 기[49] 억으로부터 온다는 것 또한 인정하는가? 여기서 특정한 방법이란 바로 이런 것이지. 만약 누군가가 어떤 것을 보거나 듣거나 또는 다른 감각을 통해 인식한다면, 단순히 그 대상을 아는 것에 그치는 게 아니라, 그 대상을 통해 다른 무언가에 관한 생각을 떠올릴 수도 있다는 말이네. 대상과는 다른 지식이 떠올랐다면, 우리는 그것을 기억해 낸 것이라고 정당하게 말할 수 있지 않겠는가?"

"무슨 뜻이죠?"

"예를 들어 사람에 대한 지식은 하프에 대한 지식과는 다르다네."

"어떻게 다릅니까?"

"사랑하는 사람이 하프나 옷이나 그들의 연인이 사용하는 다른 물건을 볼 때 어떻게 반응하는지 알고 있는가? 그들은 하프를 인식하고 그 하프를 사용하던 사람의 형태를 마음속에 떠올린다네. 그것이 바로 기억한다는 것이네. 마치 어떤 사람이 심미아스를 봤을 때, 종종 케베스를 떠올리게 되는 것처럼 말이네. 이와 비슷한 일은 수도 없이 많이 일어난다네."

"제우스를 걸고 맹세하건대, 그런 일은 정말 수도 없이 많습니다."라고 심미아스가 말했습니다.

소크라테스 선생이 말했습니다. "그렇다면 특히 시간이 지나고 그것들을 생각하지 않게 되어 이제 잊어버린 것들에 대해서 이렇게 반응하는 것이 기억의 한 형태 아니겠는가?"

"맞습니다."라고 그가 대답했습니다.

[50]   소크라테스 선생이 계속 말하기를 "그렇다면 만약 누군가가 말이나 하프를 보았을 때 어떤 사람을 떠올리게 되고, 심미아스의 그림을 볼 때 케베스를 떠올리는 일이 생길 수 있지 않겠는가?"

"물론입니다."

"그리고 심미아스의 그림을 보았을 때, 심미아스 그 자신을 떠올리게 되는 일도 일어나겠지?"

"물론 그렇습니다."라고 그가 대답했습니다.

"그렇다면 기억하는 것이 부분적으로는 닮은 것들로부터, 또 부분적으로는 닮지 않은 것들로부터 일어나는 것 아닌가?"

"그렇습니다."

"그러나 닮은 것들로 인해 떠올리게 되는 경우, 떠올

려진 그것과 비교했을 때 정말 닮았는지 아니면 좀 덜 닮았는지 생각하지 않겠는가?"

"반드시 그렇게 생각하겠지요."라고 그가 답했습니다.

소크라테스 선생이 말했습니다. "그러면 이렇게도 생각을 해보게. 우리는 동일함이라는 것이 존재한다고 말하는가? 나는 한 나무 조각이 다른 나무 조각과, 또는 한 개의 돌이 또 다른 돌과 같다고 할 때의 동일함을 의미하는 것처럼 물리적으로 볼 수 있는 대상을 비교하는 것이 아니라, 이 모든 것과는 완전히 다른 개념인 절대적인 동일함을 말하는 것이라네. 우리는 그런 것이 존재한다고 말하는가, 아니면 존재하지 않는다고 말하는가?"

"제우스 신께 맹세컨대, 우리는 틀림없이 그런 것이 존재한다고 인정합니다."라고 심미아스가 대답했습니다.

"그리고 우리는 그것이 무엇인지도 알고 있는가?" [51]

"물론입니다."라고 그가 대답했다.

"그렇다면 그것에 대한 지식을 어디에서 얻었는가? 방금 언급한 것들인 나무나 돌, 또는 이와 유사한 것들을 보면서 온 것이 아니겠는가? 즉, 이들로부터 그것들과는 다른 어떤 것에 대한 개념이 생긴 것이 아닌가? 이 문제를 이렇게 생각해 보자고. 같은 돌이나 같은 나무 조각이 어떤 때는 같아 보이다가도 또 다른 때는 동일하게 안 보

파이돈

이지 않는가?"

"그렇습니다."

"그렇다면, 절대적인 동일함이라는 개념이 때에 따라 동일한 것으로 보였다가 또는 동일하지 않은 것으로 보였던 적이 있는가? 그 동일함이 다름으로 보이는 경우 말이네."

"아니요, 소크라테스 선생님. 절대 없습니다."

소크라테스 선생이 말했습니다. "그럼, 이 동일한 것들이 절대적인 동일함과 같은 것은 아니겠지?"

"절대 같지 않습니다."

"하지만 절대적인 동일함과는 다른 그 동일한 것으로 부터 결국 동일함과 그에 대한 지식을 가져온 것이 아니겠는가?"

"정확하게 그렇습니다."라고 그가 대답했습니다.

"그렇다면 동일함은 서로 동일한 사물들과 닮았을 수도 있고 닮지 않을 수도 있지 않겠는가?"

"그렇습니다."

소크라테스 선생이 말하기를 "하지만 그것은 중요하지 않다네. 그러니 어떤 것을 보고서 또 다른 어떤 것을 생각해 냈다면, 그것은 이 둘이 닮았든 닮지 않았든 이는 반드시 기억해 내는 것이라네."

"맞습니다."

"그럼, 이것에 대해서는 어떻게 생각하나?" 소크라테 ^[52] 스 선생이 계속 말했습니다. "우리가 앞서 얘기한 나무들과 같이 서로 동일한 것과 관련해서 말이네. 그것들이 우리에게 절대적인 동일함 그 자체와 동일하게 보이는가? 아니면 어느 정도 부족하게 보이는가, 아니면 전혀 부족하지 않아 보이는가?"

"그것들은 아주 부족하게 보입니다."라고 그가 대답했습니다.

"그러면 누군가가 어떤 특정한 것을 보면서, 그것이 자신이 보고 있는 것과는 별개로 존재하는 그 어떤 다른 것이고자 하지만, 실제로는 그것에 미치지 못하고 그것처럼 될 수도 없으며 그것보다 열등하다고 인식한다고 생각해 보세. 그렇다면 이러한 것을 인식하는 사람은 그 어떤 다른 것에 대한 지식을 이전부터 이미 알고 있어서, 거기에 비추어 그 어떤 특정한 것이 그 어떤 다른 것에 미치지 못하고 부족하긴 해도 둘이 어느 정도 닮았다는 것을 알고 있다는 것을 인정해야 하지 않겠는가?"

"네, 당연합니다."

"그렇다면 우리가 동일한 것들과 절대적인 동일함 그 자체와 관련해서 경험하는 것도 마찬가지 아니겠는가?"

"물론입니다."

"따라서 우리가 동일한 것들을 처음 보았을 때, 그것들이 모두 동일함을 닮으려고 노력하지만, 그러지 못하다고 인식했던 시점 이전에, 우리는 반드시 절대적인 동일함을 분명히 알고 있었다고 생각할 수밖에 없네."

"그렇습니다."

[53]   "게다가 우리는 시각이나 촉각 또는 그 외의 다른 감각을 통해서 이것을 지각했으며, 그러한 감각들이 아닌 다른 것을 통해서는 이를 지각할 수 없었을 것이라는 데 동의했네. 감각들은 모두 같은 역할을 하니 말이네."

"소크라테스 선생님, 맞습니다. 지금 논의의 관점에서 본다면 감각들은 모두 같은 역할을 하기 때문입니다."

"우리는 감각으로 인식되는 모든 것이 그 절대적인 동일함에 도달하고자 하지만 그것에 미치지 못한다는 사실을 지각해야 하네. 아니면 우리가 어떻게 말해야 하겠는가?"

"물론입니다."

"그렇다면 우리가 보고 듣고 또 다른 감각을 이용하기 전에, 동일함이라는 자체가 무엇인지에 대해 지식을 가지고 있어야 한다네. 그래야만 감각을 통해 접하는 동일한 것들을 분별할 수 있는 기준이 생기니 말이네. 이것

들은 절대적인 동일함을 닮으려 애쓰지만 결국은 도달할
수 없음을 알게 된다고 할 수밖에 없네."

"소크라테스 선생님, 이것은 앞서 말한 것으로부터 필
연적으로 따라오는 결론입니다."

"하지만 우리가 태어나자마자 보고 듣고 그 외의 다른
감각을 가지고 있었던 것이 아니겠나?"

"그렇습니다."

"그것은 우리가 태어나기 전에, 이러한 감각들을 가지
기 이전에 이미 이 절대적인 동일함에 대한 지식을 가지
고 있어야 한다고 말해야 하지 않겠는가?"

"맞습니다."

"그러므로 그것은 우리가 태어나기 전부터 갖고 있어
야 하지 않겠는가?"

"그렇습니다."

"따라서 우리가 태어나기 전에 이것을 가지고 있었고 [54]
그래서 이미 그것을 소유하고 태어났다면, 태어나기 전
과 태어나자마자 단지 동일함 뿐만 아니라 더 큼과 더 작
음과 같은 크기, 그리고 이와 유사한 모든 것들을 이미
알고 있었던 셈이라네. 우리가 지금까지 해온 논의가 단
순히 동일함에 대한 것만이 아니라, 아름다움이나 선함,
정의로움, 거룩함, 그리고 한마디로 존재할 수 있는 모든

파이돈

것들에 관한 것이기 때문이라네. 이는 우리가 묻는 질문과 답변 안에서 다뤄지는 모든 것들에 해당한다네. 그러니 우리가 태어나기 전에 이 모든 지식을 알고 있었다는 것은 필연적이라네."

"말씀하신 그대로입니다."

"일단 그것을 인식하고, 그리고 그것을 잊어버리지 않는다면, 우리는 항상 이 지식을 가지고 태어나며, 삶을 통해 내내 그것을 유지했을 것이라네. 무언가 안다는 것은 지식을 얻고 그것을 유지하며 잃지 않는 것을 의미하기 때문이라네. 심미아스, 우리가 망각을 지식의 상실이라고 부르지 않는가?"

"소크라테스 선생님, 물론입니다."라고 그가 대답했습니다.

[55] "그러나 우리가 태어나기 전에 얻은 지식을 태어날 때 상실하고, 그 후에 감각을 사용해 다시 그것들을 되찾는다고 한다면 우리가 결국 학습해서 안다는 것이 말하자면 애초에 갖고 있던 지식을 되찾는 것이라고 볼 수 있지 않겠는가? 그리고 그것을 기억해 내는 것이라고 말하는 것이 맞지 않겠는가?"

"맞습니다."

"어떤 사람이 무언가를 보거나 듣거나 다른 감각을

사용해 인지한 후, 그것과 다른 무언가를 떠올리게 되는데, 그것은 그가 태어나면서 잊었던 것이고, 그와 연결되어 다시 무언가를 생각해 내게 되는 것이라네. 그것은 닮지 않은 것일 수도 있고 닮은 것일 수도 있다네. 그래서 내가 말했듯이, 다음 두 가지 중 하나는 반드시 따라오게 되어 있다네. 즉, 우리가 모두 이 지식을 가지고 태어나서 사는 동안 내내 그것을 유지하는 거라네. 또 다른 한 가지는 사람이 태어난 후에 배우는 것은 새로 배우는 것이 아니라 단지 기억해 내는 것일 뿐이라네. 학습은 기억해 낸 결과야."

"소크라테스 선생님, 맞습니다. 정확히 그렇습니다."

"그렇다면, 심미아스, 자네는 어느 쪽이라고 생각하는가? 우리가 처음부터 지식을 가지고 태어났다고 생각하는가, 아니면 우리가 이전에 알았던 것을 나중에 기억해 내는 것이라고 생각하는가?" [56]

"소크라테스 선생님, 지금으로서는 무엇을 선택해야 할지 잘 모르겠습니다."

"그렇다면 이 경우에는 선택할 수 있겠나? 이에 대해서는 어떻게 생각하는가? 지식을 가진 사람은 그것에 대한 이유를 설명할 수 있어야 하지 않겠는가, 아니면 설명할 수 없어도 되는가?"

"당연히 설명할 수 있어야 합니다. 소크라테스 선생님."이라고 그는 대답했습니다.

"지금 우리가 말했던 것들에 대해 모든 사람들이 이유를 제시할 수 있다고 생각하는가?"

심미아스가 대답했습니다. "네, 그랬으면 좋겠습니다만, 내일 이맘때가 되면 이를 제대로 제시할 수 있는 사람이 없을 것 같아서 걱정됩니다."

"그러면 심미아스, 모든 사람이 이 지식을 가지고 있다고 보는가?"

"절대 그렇지는 않은 것 같습니다."

"그렇다면 지식을 가지고 있는 이들은 예전에 배웠던 것을 기억하는 것이겠지?"

"물론 그렇겠지요."

"그럼 우리의 영혼은 언제 그 지식을 받았을까? 분명히 우리가 세상에 태어난 이후는 아니지 않겠는가?"

"확실히 아니죠."

"그럼 태어나기 이전인가?"

"네, 그렇습니다."

"따라서 심미아스, 우리의 영혼은 인간의 형태로 태어나기 전에 몸과 분리된 상태로 존재하며, 지성을 가지고 있었던 것일세."

"소크라테스 선생님, 우리가 이 지식을 태어날 때 받 [57] 았을 가능성도 아직 남아 있긴 합니다."

"그렇지, 그렇게 생각할 수도 있겠지. 하지만 그렇다 면 다른 어느 시기에 그 지식을 잃어버렸겠는가? 우리가 방금 동의했듯이 태어날 때부터 이 지식을 가지고 있지 않았다면 말일세. 그렇다면 우리가 이 지식을 얻는 바로 그 시점에 잃어버리는 것일까? 아니면 자네가 생각하는 그 지식을 잃어버리는 또 다른 시점이 있는가?"

"전혀 모르겠습니다, 선생님. 제가 맞지 않는 소리를 하고 있다는 것을 여전히 깨닫지 못했습니다."

소크라테스 선생이 계속 말했습니다. "심미아스, 우리 가 지금까지 한 얘기를 정리해 보면 이렇다네. 우리가 계 속 얘기하고 있는 아름다움, 선함, 그리고 이와 같은 본질 적인 것들이 존재하고, 감각으로 접하는 모든 것들을 통 해 현재도 가지고 있는 것이 우리가 태어나기 전부터 이 미 존재하고 있었다면, 우리의 영혼도 역시 우리가 이 세 상에 태어나기 전부터 이미 존재하고 있었다는 사실은 필연적이라는 말일세. 하지만 만약에 이러한 본질이 존 재하지 않는다면, 우리의 논의는 쓸데없는 것이 되어버 리겠지. 그렇지 않는가? 그러니 이러한 것들이 실재한다 는 것과 우리의 영혼도 태어나기 전부터 존재해야 한다는 것은 같은 필연성을 가지지 않는가? 만약에 전자가 존재하지 않는다면 후자도 역시 존재하지 않겠지?"

[58]   심미아스가 말했습니다. "확실히 그렇습니다. 소크라테스 선생님, 저에게는 동일한 필연성이 있는 것으로 보입니다. 그리고 방금 언급하신 그 본질이 존재하는 것과 마찬가지로, 우리의 영혼이 태어나기 전에 존재한다는 것을 이 논의가 훌륭히 증명해 보인 것 같습니다."

소크라테스 선생이 말하기를 "그런데 케베스에게는 어떻게 보이는가? 케베스도 수긍해야 하니 말일세."

심미아스가 대답하기를 "제 생각에는 충분히 설득되었을 것 같습니다. 그는 논증에 대해 매우 고집스럽게 불신하는 사람 중 하나이지만, 우리의 영혼이 태어나기 전부터 이미 존재했다는 점에 대해서는 충분히 설득이 된 것 같습니다."

심미아스가 이어서 말하기를 "그러나 소크라테스 선생님, 우리가 죽은 뒤에도 영혼이 여전히 존재할 것이라는 명제는 아직 증명된 것 같지 않습니다. 케베스가 언급한 대중적인 의구심, 즉 사람이 죽으면 영혼이 흩어져 사라지고, 이것이 더 이상 존재하지 않을 수 있다는 의문이 여전히 남아 있습니다.

[59]   영혼이 태어나고 다른 근원에서 형성되어 인간의 몸

에 들어갔다가, 그 인간이 죽었을 때 그 몸과 분리되고 나서는 그 또한 죽고 소멸할 수 있지 않겠습니까?"

케베스가 말했습니다. "심미아스, 자네 말이 옳다네. 우리의 영혼이 우리가 태어나기도 전에 이미 존재하고 있었다는 사실은 절반 정도는 입증된 것 같네. 이제 죽은 후에도 영혼이 태어나기 전과 다름없이 존재한다는 것을 입증해야만 이 논증이 완성될 걸세."

소크라테스 선생이 말했습니다. "심마아스와 케베스, 이 점은 이미 방금 논증되었다네. 그대들이 앞서 합의를 본, 모든 살아 있는 것은 죽음에서 비롯된다는 명제를 결부시켜 본다면 말이네. 만약에 영혼이 이전에 존재했고, 그것이 생명으로 들어오고 태어날 때 죽음과 죽은 상태 외에는 다른 어떤 것으로부터도 만들어질 수 없다면, 그것이 반드시 다시 생성되어야 하므로 죽음 후에도 존재해야 하는 것이 필연적이지 않겠나?

그러니 자네들이 말한 것은 이미 논증되었네. 그러나 [60] 자네 둘은 이 논증을 더 철저하게 검토하고 싶어 하는 것 같고, 마치 어린아이처럼 영혼이 몸을 떠날 때 바람에 흩날려 버릴까 두려워하는 듯하네. 특히 평온한 상태가 아닌 격렬한 폭풍 속에서 죽게 된다면 말이네."

이에 케베스는 미소를 지으며 말했습니다. "소크라테

스 선생님. 우리가 두려워하는 것처럼, 아니 사실은 두려워하는 것은 아니지만, 우리 안에 그런 두려움을 가진 소년이 있을지도 모릅니다. 그러니 그를 가르쳐주십시오. 그 소년이 죽음이 유령과 같이 무서운 존재가 아님을 알고서 안심할 수 있도록 설득해 주십시오."

소크라테스 선생이 말하기를 "그 소년의 두려움을 진정시키기 위해서는 그를 매일 달래야 할 걸세."

"그렇다면 소크라테스 선생님께서는 이제 곧 저희를 떠나셔야 하는데, 능숙하게 달랠 수 있는 사람을 어디서 찾을 수 있을까요?"

[61]　　소크라테스 선생이 말했습니다. "그리스는 넓다네, 케베스. 그리고 그곳에는 반드시 유능한 사람들이 있을 걸세. 또한 많은 이방 민족이 있으며, 자네는 돈과 수고를 아끼지 말고 그들 중에서 그러한 소년을 달랠 수 있는 이들을 찾게나. 자네가 가지고 있는 돈은 그런 데 쓰라고 있는 것 아니겠는가. 또한 자네들 안에서도 그들을 찾아야 하네. 아마도 자기 자신보다 더 유능하게 잘 달랠 수 있는 사람을 찾기는 어려울 걸세."

케베스가 말했습니다. "그렇게 하겠습니다. 하지만 괜찮으시다면, 저희가 논의하다가 멈췄던 지점으로 다시 돌아갔으면 좋겠습니다."

"그렇게 하는 것이 좋겠네. 왜 안 좋겠나."

"잘됐습니다."라고 케베스는 말했습니다.

소크라테스 선생이 말했습니다. "그러면 우리는 스스로에게 이런 질문을 던져야 하네. 어떤 것들이 이렇게 흩어져 버리는지, 그리고 우리가 무엇을 두려워해야 하고 무엇을 두려워하지 말아야 하는지도 말일세. 그런 다음에 영혼이 이 둘 중 어느 쪽에 속하는지를 살펴보아야 우리가 영혼에 대해 확신을 하거나 두려워하거나를 결정할 수 있을 걸세."

"옳은 말씀입니다."라고 그가 응수했습니다.

"그렇다면 구성 요소에 의해 형성되고 본질적으로 결합된 것은 결국 다시 분해될 수 있는 것이 아니겠는가? [62] 그리고 반대로 결합되지 않은 것은 어느 것으로도 분해될 수 없는 것이 아니겠는가?"

"저도 그렇게 생각됩니다."라고 케베스가 말했습니다.

"그렇다면 항상 동일하며 동일한 상태를 유지하는 것들은 결합하지 않고, 끊임없이 변하며 결코 동일한 상태에 머무르지 않는 것들은 결합한 것이라고 보아야 하지 않겠는가?"

"저에게도 그렇게 보입니다."

소크라테스 선생이 말하기를 "그렇다면 우리가 앞서

논의했던 주제로 돌아가 보세. 우리가 나눈 모든 질문과 대답에서 존재한다고 정의했던 그 본질 자체는 항상 같은 모습과 상태로 있는가, 아니면 때때로 변하는가? 동일함 그 자체, 아름다움 그 자체, 혹은 그 밖에 어떤 존재하는 본질 자체가 변하는 일이 있겠나? 아니면 그것들 각각이 혼합되지 않은 본질로서 항상 동일하며 동일한 상태를 유지하고, 그 어떤 상황에서도 어떤 변화도 겪지 않는가?"

"소크라테스 선생님, 반드시 동일하고 언제나 동일한 상태를 유지해야만 합니다."라고 케베스가 말했습니다.

[63] "그렇다면 아름다움이라는 본질과 동일함을 어느 정도 갖고 있어서 아름답다고 칭해지는 사람이나 말, 의복 또는 이와 유사한 여러 아름다운 것들은 어떤가? 이것들은 언제나 동일한 상태를 유지하는가? 아니면 정반대로 결코 동일한 상태로 있지 않은가? 이것들은 자기 스스로나 다른 것과 관련하여 언제나 변하고 있는가?"

케베스가 대답했습니다. "네, 이런 것들은 결코 동일한 상태로 머물지 않습니다."

"그렇다면 이러한 것들은 손으로 만질 수도 있고, 눈으로 볼 수도 있고, 다른 감각을 통해서도 인식될 수 있겠지? 그러나 항상 동일한 상태를 유지하는 것은 오직 생각의 작용을 통해서만 이해할 수 있을 뿐, 다른 어떤 방식으로도 파악할 수 없을 것이네. 왜냐하면 그러한 것들은 눈에 보이지 않고 시각적으로 관찰되지 않기 때문이네. 안 그런가?"

"네, 정말 옳으신 말씀입니다."라고 케베스가 대답했습니다.

소크라테스 선생이 계속 말했습니다. "그렇다면 우리 [64] 는 모든 존재하는 것들을 두 가지 종류로 나눠서 가정해 볼 수 있지 않을까? 하나는 보이는 것이고, 다른 하나는 보이지 않는 것으로 말이네."

"그렇게 가정할 수 있습니다."라고 그가 답했습니다.

"그리고 그렇게 나누었을 때, 보이지 않는 것은 항상 동일한 상태를 유지하지만, 보이는 것은 결코 한순간도 동일하지 않겠지?"

"그 역시 그렇게 가정할 수 있습니다."

소크라테스 선생이 말을 이어가기를 "자, 그렇다면 우리를 구성하는 것들 중의 하나는 몸이고, 다른 하나는 영혼이 될 걸세. 이외에 또 다른 것이 있겠는가?"

"없습니다."라고 그가 대답했습니다.

"그렇다면 몸은 어떤 종류에 더 가까우며, 더 밀접하게 연관되어 있다고 말할 수 있을까?"

"모든 사람이 분명히 알 수 있듯이, 당연히 몸이 보이는 것에 더 가깝습니다."라고 그가 대답했습니다.

"그렇다면 영혼은 어떤가? 그것은 보이는가 아니면 안 보이는가?"

"소크라테스 선생님, 영혼은 사람들에게 보이지 않습니다."라고 그가 대답했습니다.

"우리가 보이는 것들과 보이지 않는 것들을 구분하는 기준은 사람의 눈이겠지? 아니면 무엇이 기준이겠는가?"

"사람의 눈이 기준이 되는 것이 맞습니다."

"그렇다면 영혼에 대해서는 뭐라고 말해야 하나? 그것은 보이는 것인가 아니면 보이지 않는 것인가?"

"보이지 않는 것입니다."

"그럼 안 보이는 것이라는 말이지?"

"맞습니다."

"따라서 영혼은 몸보다 보이지 않는 것과 더 닮았고, 몸은 보이는 것과 더 닮았다고 말할 수 있겠나?"

"그렇지 않을 수 없겠지요. 소크라테스 선생님."

[65] "그런데 우리는 이전에도 이렇게 말하지 않았나? 영혼이 무언가 고찰할 때 예를 들어 시각이나 청각 같은 몸의 감각을 통해야 하기 때문에, 영혼이 몸에 이끌려 결코 동일하게 유지되지 않는 것들로 향하게 되고, 그러한 것

들과 접촉함으로써 방황하고 혼란에 빠지며, 마치 술에 취한 사람처럼 비틀거린다고 말이네."

"그렇습니다."

"하지만 영혼이 홀로 무언가를 고찰할 때는 순수하고 영원하며 불멸하고 변하지 않는 것에 접근하여 그것과 친화적인 상태로 스스로 존재하고, 힘을 가지는 한 계속해서 그것과 함께 머물면서 끊임없이 동일한 상태를 유지한다네. 그러한 상태에서 영혼이 아는 것을 우리는 지혜라고 부르지 않겠나?"

"소크라테스 선생님께서 말씀하시는 모든 것이 진정 진실입니다."라고 그가 대답했습니다.

"우리가 앞에서 계속해서 변하는 것과 언제나 변하지 않는 것으로 구분해 왔네. 지금 한 말을 생각해 보면 자네는 영혼이 둘 중 어느 쪽과 더 닮았고 어느 쪽에 더 속한다고 생각하는가?"

그가 대답하기를, "모든 사람, 심지어 가장 둔감한 사람일지라도 이 논리적 방법을 통해 영혼은 변하지 않고 항상 동일한 상태를 유지하는 것과 더 많이 닮았다고 인정할 것입니다." [66]

"몸의 경우는 어떤가?"

"몸은 반대쪽과 더 많이 닮았습니다."

"이렇게 생각해 보게나. 영혼과 몸이 함께 있을 때, 자연의 법칙은 후자가 종속되고 복종하며 전자가 지배하고 다스리도록 명한다네. 이 방식으로 보았을 때, 두 가지 중 어떤 것이 신성한 것과 닮았고, 어떤 것이 필멸의 것과 닮았다고 보는가? 신성한 것이 지배하고 명령하며 필멸의 것이 복종하고 종속되는 것이 자연스럽지 않은가?"

"저에게도 그렇게 보입니다."

"그렇다면 영혼은 무엇과 닮았는가?"

"소크라테스 선생님, 영혼은 분명히 신성한 것과 닮았고, 몸은 필멸의 것과 닮았습니다."

소크라테스 선생이 말했습니다. "그러면 케베스 지금까지 이야기한 모든 것으로부터 다음과 같은 결론이 도출되는지 생각해 보게나. 영혼은 신성하고, 불멸하며, 지혜롭고, 단일하며, 분해되지 않고, 항상 동일한 상태를 유지하는 것과 가장 닮았으며, 반면에 몸은 인간적이고, 필멸하며, 지혜롭지 못하고, 다양한 형태를 가지며, 분해되고 결코 동일한 상태를 유지하지 못하는 것과 가장 닮았다네. 이 결론이 틀렸다는 것을 보여줄 반론이 있는가?"

"없습니다."

[67] "이것이 사실이라면 몸은 빠르게 분해되는 것이 적절하며, 반대로 영혼은 전혀 분해되지 않거나 거의 분해되

지 않는 것이 당연하지 않겠나?"

"왜 아니겠습니까."

소크라테스 선생이 말했습니다. "하지만 사람이 죽으면 보이는 부분인 몸, 즉 눈에 보이는 시신은 분해되고 해체되어 흩어지는 본성이 있음에도 불구하고, 죽는 즉시 그리되지는 않는다네. 오히려 상당 기간 그 상태 그대로 남아 있기도 하지. 특히 몸이 완전히 건강한 상태였거나 한참인 나이에 죽으면 더욱 그렇다네. 이집트에서 방부 처리를 한 시체처럼 몸은 아주 오랜 시간 동안 거의 완전한 상태로 남아 있기도 하네. 그리고 몸의 일부가 설령 썩는다고 할지라도, 뼈나 신경같은 것들은 불멸에 가깝다고 할 수 있다네. 그렇지 않은가?"

"그렇습니다."

"그렇다면 보이지 않는 영혼이 자신과 같은 훌륭하고 [68] 순수하며 보이지 않는 장소로 간다고 가정해 보게나. 그곳은 보이지 않는 세계*라고 불리며, 선하고 지혜로운 신이 있는 곳이라네. (만약에 신이 원하신다면 나의 영혼 역시 곧 그곳으로 갈 것이라네.) 이런 상태와 본성을 지닌 우리

---

* 원문에서는 두 단어인 'Αιδη'와 'ἀείδης' 사이의 말장난이 포함되어 있다. 여기서는 원래 단어의 일반적인 번역어로 그 의미를 담았다.

파이돈

의 영혼이 몸에서 분리되었을 때, 대부분의 사람들이 주장하듯이, 즉시 흩어지고 소멸할 수 있겠는가? 절대 그렇지 않을 거라네. 하지만 만약에 영혼이 순수한 상태로 분리된다면, 영혼은 몸의 그 어떤 것도 가져가지 않으며, 이 현재의 삶에서 육체와 어떠한 교류도 하지 않고, 자기 자신 속으로 침잠해 들어가서 어떻게 죽을지에 대해 탐구하지 않겠는가? 제대로 철학을 탐구하는 일은 결국 편안하게 죽는 길을 연구하는 일 외에 다른 것이 아니라네."

"전적으로 맞습니다."

"그렇다면 영혼이 이와 같은 상태로 있을 때, 자기와 닮은 것, 즉 보이지 않고, 신성하며, 불멸하며, 지혜로운 곳으로 가지 않겠는가? 그리고 그곳에 도달했을 때, 영혼은 행복하고 오류와 무지와 공포와 격렬한 열정 그리고 인간 본성에서 겪을 수 있는 모든 다른 악으로부터 자유로워지지 않겠는가? 그리고 영혼은 나머지 시간을 신들과 함께 보내지 않겠는가? 케베스, 우리는 이것이 사실이라고 주장해야 하지 않겠는가? 아니면 그런 식으로 주장하지 말아야 하겠는가?"

"제우스 신의 이름을 걸고, 그렇습니다."라고 케베스가 대답했습니다.

[69] "하지만 만약 몸과 계속 교류하며 그것에 종속되어 있

는 영혼이 있다고 생각해 보게나. 그런 영혼은 몸을 사랑하고 욕망과 쾌락에 사로잡혀 몸에 매혹된 채로 만질 수도 있고 볼 수도 있으며 먹고 마시고 감각적으로 느낄 수 있는 물질적인 것만이 진짜라고 여길 것이라네. 게다가 눈에 보이지 않고 지적이며 철학에 따라 이해되는 과정을 싫어하고, 철학을 두려워하며 멀리하도록 길들여졌다면, 그런 영혼이 몸에서 스스로 분리되어 순순히 떠날 수 있겠는가?"

"물론 그렇지 않을 것입니다."라고 케베스가 대답했습니다.

"그런 영혼은 언제나 몸과 교류하고 계속해서 연관되어 왔기 때문에, 몸에 대한 지나친 집착 때문에 몸이 지니는 본성을 이미 갖고 있을 걸세."

"맞습니다."

"나의 친애하는 케베스, 이러한 영혼은 무겁고 세속적이며, 보이는 몸이 자기 본성의 일부가 되어버려서 눈에 보이지 않는 것과 하데스를 두려워한다네. 그래서 무덤과 묘비 주변을 떠돌게 되지. 실제로 그러한 영혼은 그림자 같은 환영으로 보이기도 한다네. 그것은 몸에서 순수하게 떠나지 못한 영혼이 만들어낸 모습으로, 눈에 보이는 본성을 지니기 때문에 눈에 보일 수밖에 없다네."

"그럴듯합니다. 소크라테스 선생님."

[70]   "정말 그럴듯한 얘기 아닌가, 케베스. 이들이 선한 영혼이 아니라 악한 영혼들이라는 사실은 분명하네. 이 영혼들은 생전에 자신들이 저지른 악행의 대가로 그런 장소를 떠돌며 방황하는 것이라네. 그리고 육체적인 본성에 대한 욕망 때문에 다시 몸과 결합할 때까지 그 방황은 계속된다네. 그들이 다시 결합하는 몸은 아마도 생전에 자신들이 빠져 있던 습성에 부합하는 동물적 성향을 가졌을 것이라네."

"소크라테스 선생님, 실제 동물들을 말씀하시는 것인가요?"

"예를 들어 과식, 방탕, 술에 빠져 절제하지 못했던 자들은 아마 당나귀나 그런 짐승과 결합하게 될 것이라네."

"아주 그럴듯한 얘기입니다."

"그리고 부정, 폭정, 약탈에 집착했던 자들은 늑대나 매 또는 솔개와 같은 동물의 종에 속하게 될 것이네! 이런 영혼들이 달리 어디로 갈 수 있겠나?"

케베스가 대답했습니다. "의심의 여지가 없습니다. 그 영혼들은 틀림없이 그런 동물들에게 갈 것입니다."

소크라테스 선생이 계속 말하기를 "그렇다면 나머지도 각자 영혼이 자신들이 관심을 두고 추구했던 것에 따라 그런 습성을 지닌 존재 안으로 들어갈 것이 분명하지 않은가?"

그가 대답하기를 "어떻게 그렇지 않겠습니까?" [71]

소크라테스가 말했습니다. "그렇다면 철학이나 성찰 없이 단순히 습관과 연습을 통해서, 우리가 절제와 정의라 부르는 사회적이고 문명화된 미덕을 실천해 온 사람들이 가장 행복하고 좋은 곳으로 간다고 볼 수 있지 않겠는가?"

"어떤 점에서 그들이 가장 행복하다는 것입니까?"

"문명적이고 평화로운 동물들, 예를 들어 벌이나 말벌 또는 개미와 같은 종류로, 혹은 같은 인간종으로 다시 들어가 보통의 사람이 될 가능성이 높기 때문이라네."

"그럴듯합니다."

"그러나 철학을 연구하지 않아서 몸과 분리되었을 때 온전히 순수한 상태로 있을 수 없는 사람은 신들에게로 가는 것이 불가능하다네. 이런 이유로 나의 친구 심미아스와 케베스, 올바르게 철학을 하는 사람들은 모든 육체적 욕망에서 벗어나고자 계속해서 노력한다네. 그들은 대다수의 사람과 재물을 사랑하는 이들이 그러하듯 재산을 잃는 것과 가난을 두려워하지 않는다네. 또한 권력과 명예를 사랑하는 이들처럼 단지 그것들을 잃는 것이 두

파이돈

려워 육체의 욕망을 물리치는 것이 아니라네."

"소크라테스 선생님, 그런 이들에게 그런 행동은 어울리지 않습니다."라고 케베스가 말했습니다.

[72]   소크라테스 선생이 대답했습니다. "제우스를 걸고 맹세하건대, 케베스, 자신의 몸이 아니라 영혼을 전적으로 돌보는 이들은 어디로 가야 하는지도 모르는 사람들과는 다르게 행동한다네. 철학에 반하는 행동을 하지 않아야 하며, 오히려 철학이 주는 자유와 정화의 길을 따라야 한다는 사실을 확신하며, 철학의 인도를 받아들여 그것이 이끄는 대로 따를 것이네."

"선생님, 철학의 인도를 어떻게 따라가야 합니까?"

소크라테스 선생이 말하기를 "내가 말해주겠네. 지혜를 사랑하는 사람들은 알고 있네. 영혼이 육체에 단단히 묶여 있는 상태에서는 사물을 내다볼 때 마치 감옥에서 내다볼 뿐 직접 볼 수 없는 것과 마찬가지네. 완전한 무지 속에 빠져 있게 되지. 그들은 영혼이 무지 안에서 헤매는 것이 육체의 욕망에서 비롯된다는 사실을 인지한다네. 그리고 육체에 묶여 있는 자신을 스스로 더 단단히 묶이는 것을 돕고 있다는 사실도 알게 되지.

[73]   지혜를 사랑하는 자는 철학이 자신들의 영혼을 육체로부터 해방시키려 부드럽게 권고하며 힘쓴다는 것을 알

고 있다네. 철학은 눈을 통해 사물을 보는 것에 얼마나 속임수가 가득한지, 귀와 다른 각각을 통한 것 역시 마찬가지라는 사실을 보여주면서, 필요한 경우를 제외하고는 이러한 감각들을 사용하지 않도록 설득한다네. 그래서 영혼이 자기 안으로 모이고 집중하여 스스로 이해하는 것만을 믿으며, 다른 매개를 통해 여러 모습으로* 변하는 것은 아무것도 진실로 여기지 말라고 조언한다네. 이와 같은 감각을 통해 인식하며 보는 것과 달리, 영혼 자신이 사유를 통해 보는 것은 보이지 않는 것이기 때문이라네. 그러므로 진정한 철학자의 영혼은 이러한 해방을 방해해서는 안 된다고 생각하며, 할 수 있는 한 기쁨과 욕망, 슬픔과 두려움에서 벗어나도록 노력한다네. 사람이 극도로 즐거워하거나 두려워하거나, 슬퍼하거나 욕망에 사로잡히게 되면, 단순히 이런 감정들에 의해 아프거나 욕망에 사로잡혀 재산을 다 탕진하거나 하는 악만 겪는 것이 아니라, 가장 큰 악이자 최악의 악을 겪게 되며, 그렇게 된 것조차 깨닫지 못하게 되기 때문이라네."

---

* 내가 이해한 바로는 여기서 소크라테스가 말하고자 하는 것은 영혼만이 진리를 인식할 수 있으며, 여러 감각들은 다 다르기 때문에 동일한 대상을 서로 다른 모습으로 받아들인다는 사실이다. 예를 들어 어떤 대상에 대해 눈이 하나의 인상을 받는다면, 귀는 또 다른 인상을 받는다.

파이돈

"소크라테스 선생님, 그 악은 무엇입니까?"라고 케베스가 물었습니다.

[74] "모든 인간의 영혼이 어떤 특정한 것에 대해 격렬하게 기뻐하거나 슬퍼하게 되면, 강하게 받은 그 영향이 가장 현실적이고 가장 진실하다고 여기게 되지. 그것이 사실이 아닐지라도 말이야. 이러한 것들은 주로 눈에 보이는 것들이 아니겠는가?"

"그렇습니다."

"그렇다면 이런 감정 상태에서는 영혼이 더욱 몸에 의해 속박되지 않겠는가?"

"어떻게 말입니까?"

"각각의 기쁨과 고통은 마치 못과 같아서, 못이 하는 것처럼 영혼을 몸에 못 박아 고정하고, 몸과 하나가 되게 한다네. 그리고 몸이 주장하는 것을 진실로 여기게 만들지. 영혼이 몸과 의견을 같이하면 같은 것에 기뻐하게 되고 결국은 그 영혼이 몸과 비슷한 성향을 보이게 되며, 결국 몸과 같은 방식으로 양육되도록 강요받게 된다네. 그래서 영혼은 결코 순수한 상태로 하데스로 들어갈 수 없고, 항상 몸에 의해 오염된 상태로 떠다니게 된다네. 그렇게 되면 영혼은 다시 몸으로 돌아가 자라나게 되네. 이는 마치 씨앗이 뿌려져 자라나는 것과 마찬가지라네. 결과적으로 영혼은 신성하고 순수하며 고유한 것과의 모든 교제를 박탈당하게 되지."

"소크라테스 선생님, 당신의 말이 정말로 옳습니다." 라고 케베스가 말했습니다.

"그리고 케베스, 지혜를 진정으로 사랑하는 이들은 대 [75] 부분의 사람이 말하는 또 다른 욕망을 얻기 위해서 절제 와 결단력을 가지지는 않네. 자네의 생각도 그러한가?"

"네, 그렇습니다."

"철학자의 영혼은 이와 같이 생각할 걸세. 철학이 인 간의 영혼을 자유롭게 해야 하지만, 영혼을 자유롭게 했 을 때 또다시 쾌락과 고통에 자신을 얽매이게 하면서, 페 넬로페가 베를 짜고 또다시 그것을 풀어버렸던 것처럼, 육체가 풀어버린 베를 영혼이 또다시 짜는 일을 평생 되 풀이하지는 않을 거라고 말이네. 오히려 열정을 가라앉 히고 이성을 따르며, 늘 이성 안에서 진실하고 신성한 것 을 바라보며, 그와 같은 것에 양육되며 살아야 한다고 생 각할 걸세. 또한 철학자는 이러한 방식으로 살아가면, 죽 었을 때 자신과 같은 본질을 가진 것을 따라가서 인간의 악으로부터 벗어날 수 있으리라 믿는다네. 그런 식의 훈 련을 받은 영혼은 어떠한 두려움도 느끼지 않는다네, 심 미아스, 케베스. 즉, 그런 영혼은 몸으로부터 분리되어서

찢기거나 바람에 날려 흩어져서 어디에서도 존재하지 못하게 되리라는 두려움이 없다는 것일세."

[76] 소크라테스 선생이 이처럼 말한 뒤, 긴 침묵이 이어졌다네. 소크라테스 자신도 말한 내용을 곰곰이 더 생각하는 듯 보였고, 우리 대부분도 마찬가지였다네. 케베스와 심미아스는 잠시 서로 대화를 나누었다네. 마침내 소크라테스 선생이 그들의 그런 모습을 보고 말했다네.

"방금 한 말에 대해 어떻게 생각하나? 충분하게 입증이 되었다고 생각하나? 이 문제를 철저하게 검토하려는 사람이 있다면 여전히 많은 의문과 반론이 남아 있을 것이네. 만약 여러분이 다른 주제에 대해 논의하고 있다면, 나는 더 이상 말하지 않겠네. 하지만 이 문제에 대해 의문이 생기면 주저말고 자네들의 의견을 말해주시게. 자네들이 생각하기에 어떤 점에서 더 잘 논의가 되어야 할지 말해보게. 그리고 나의 도움이 필요하다면 나를 다시 불러 요청하게. 내 도움이 자네들에게 조금이라도 유익을 줄 수 있다고 생각한다면 말이네."

그러자 심미아스가 말했습니다. "소크라테스 선생님, 사실 한동안 저희 둘이 의문을 품고 서로 선생님께 질문하라고 미루고 있었습니다. 선생님께서 저희의 의문을 해결해 주셨으면 좋겠습니다. 하지만 선생님의 지금 상황에 혹시 폐를 끼치는 것은 아닌지 걱정이 되어 선뜻 묻지 못하고 있었습니다."

이 말을 들은 소크라테스 선생은 부드럽게 미소를 지으며 말했습니다. "다른 사람들에게 내가 지금 나의 상황을 불행으로 여기지 않는다는 사실을 설득하기가 참 어렵네. 자네들도 설득하지 못하고 있으니 말이네. 자네들은 내가 지금까지 살아오면서 가장 힘든 시기를 겪고 있다고 염려하고 있는 듯하네. 혹시 내가 예언하는 능력이 백조보다도 못하다고 생각하는가? 백조는 평소에도 노래를 많이 하지만 죽어야 한다는 사실을 알았을 때 더 많이 노래하면서 자신들이 섬기는 신에게로 가는 것을 기뻐한다네. 그러나 사람들은 죽음에 대한 두려움 때문에 그러는 것이라고 백조를 오해하지. 백조가 자신의 죽음을 애도하며 마지막 노래를 비탄에 빠져 부른다고 생각하는 걸세.

하지만 그 어떤 새도 굶주리거나 추위에 떨거나 다른 고통에 시달릴 때 노래하지 않는다는 것을 사람들은 모른다네. 심지어 사람들이 비탄에 빠져 노래한다고 생각하는 나이팅게일이나 제비나 오디새조차도 사실은 그렇지 않다네. 이 새들조차도 슬픔으로 노래하지 않으며, 백조 역시 그렇다네. 오히려 백조는 아폴론에게 바쳐진 새

파이돈

로 예언하는 능력이 있다네. 하데스의 축복을 미리 보고 기뻐하며 그날 더 아름답게 노래하네. 이전 어느 때보다도 말일세.

[78]   나 역시 백조가 섬기는 그 동일한 신을 주인으로 섬기며, 그 신에게 속해 있다고 생각하네. 그리고 나 역시 백조처럼 우리의 공통된 주인으로부터 예언 능력을 부여받았다고 믿으며, 내가 이 세상을 떠나는 것도 기쁜 마음으로 받아들이고 있네. 그러니 자네들은 나에게 하고 싶은 질문을 모두 다 하게나. 아테네의 열한 명의 집행관이 허락하는 동안에는 말이네."

심미아스가 말했습니다. "참으로 옳으신 말씀입니다. 그러면 제가 어떤 것에 의문이 생기는지 말씀드리겠습니다. 그런 다음에 선생님의 말씀 중 어느 부분에 대해 동의하지 않는지 여기 있는 이 사람이 이어서 말씀드리겠습니다.

소크라테스 선생님, 이와 같은 문제들을 이 세상에서 명확하게 아는 일은 거의 불가능하거나 매우 어려운 것 같습니다. 그러나 가능한 모든 방법으로 탐구해 보지 않고, 또 모든 관점에서 철저하게 검토하여 최선의 노력을 다 기울이기 전에 그만두는 것은 어리석은 사람이 하는 짓이라고 생각합니다. 이러한 문제들은 다른 이들로부터 배워서 알든지 또는 스스로 발견하든지 해야 합니다. 또는 둘 다 불가능하다면, 인간의 이성 중 최고의 것을 뗏목으로 삼아 삶을 살아야 합니다. 마치 자신을 뗏목에 의지하여 항해하는 사람들처럼 말입니다. 더욱더 안전하고 덜 위험하며 혹은 신성한 이성이라는 더 확실한 수단에 의지하지 못한다면 말입니다.

소크라테스 선생님, 당신께서 그렇게 요청하셨으니, [79] 이제는 질문하는 것을 부끄러워하지 않겠습니다. 또한 지금 제가 생각하는 바를 말하지 않았다가 나중에 저 자신을 책망하는 일도 만들지 않겠습니다. 저 스스로 생각하고 케베스와 대화를 나누어봐도 저희들이 이해하기에는 아무래도 불충분하다고 생각되는 부분이 있습니다."

그러자 소크라테스 선생이 말했습니다. "자네의 솔직한 마음을 얘기한 것 같군. 자 그렇다면 어떤 점에서 충분히 입증되지 않았다고 생각하는가?"

심미아스가 대답했습니다. "제 생각에 선생님의 논리대로라면, 누구든 하프와 현 그리고 그것으로 만들어진 화음과 관련해서 그와 동일한 논리를 적용해 말할 수 있을 것 같습니다. 잘 조율된 하프에서 나오는 화음은 눈에 보이지 않고, 비물질적이며, 매우 아름답고 신성하며, 하프와 현은 물질적 형태의 몸체이며, 세속적이며 필멸의 성질을 가졌다고 말할 겁니다. 만약 누군가 하프를 부수거나 현을 끊어버렸다고 가정해 보겠습니다. 선생님의 논리를 사용하면, 그렇다고 하더라도 화음은 필연적으로 여전히 사라지지 않고 존재할 수밖에 없습니다. 왜냐하면, 현이 없는 하프와 끊어진 현은 소멸할 수밖에 없지만 남아 있고, 화음은 신성하고 불멸에 가까운 성질을 가졌는데 사라졌다고는 상상할 수 없다는 논리를 펼칠 수 있기 때문입니다. 그는 화음은 어딘가에 반드시 존재해야 하며, 하프의 나무와 현은 썩어서 없어져야 한다고 말할 수 있지 않겠습니까?

[80]   소크라테스 선생님, 저는 선생님께서 영혼은 이와 유사한 성질을 가진 것이라는 결론에 도달했다고 생각합니다. 즉, 우리의 몸은 열기와 냉기, 습한 것이나 건조한 것, 그리고 이와 같은 여러 성질들로 구성되어 있으며, 우리의 영혼은 이러한 것들을 결합하여 조화를 이루고 있다는 논리입니다. 그런데 선생님 말씀처럼 영혼이 일종의 화음이라면 우리 몸의 현이 질병이나 그 밖에 악한 것으로 인해 많이 늘어나거나 팽팽해져 조화를 이루지 못하게 될 때 영혼은 결국 사라질 것입니다. 음악의 화음이나 그 밖에 예술 작품들처럼 말입니다. 그리고 우리 육체의 잔해는 오랫동안 남아 있습니다. 그것들이 불에 타거나

썩어 없어질 때까지 말입니다. 어떤 사람이 나타나 영혼은 육체를 구성하는 여러 가지 것들의 혼합이며 죽음으로 인해 가장 먼저 소멸해 버린다고 주장한다면, 우리는 이 논리에 대해 무엇이라 답해야 할까요?"

소크라테스 선생은 평소와 같이 우리를 뚫어져라 쳐다보며 미소를 지으며 말했습니다. "심미아스, 자네의 말도 일리가 있네. 자네들 중에 나보다 더 빨리 답변할 수 있는 사람은 말해보게. 그의 반박이 꽤 날카로웠는데, 왜 아무도 대답을 하지 않나? 우선 우리가 대답하기 전에 케베스의 의견을 들어보는 게 좋을 것 같네. 그가 우리 논의의 어느 부분에 반대하는지 말이네. 그가 말하는 동안 더 깊이 생각하면서, 그의 주장에 옳은 부분이 있으면 찬성하겠지만, 그렇지 않은 부분에 대해서는 나의 견해를 그대로 내세울 거라네. 자, 케베스, 어느 부분이 자네가 불신할 만큼 의문이 생기게 하는지 말해보게나."

케베스가 말했습니다. "저는 이 논증이 처음 시작되었을 때 그대로 머물러 있는 것 같습니다. 그리고 우리가 이전에 언급했던 것과 동일한 반박에 여전히 취약하다고 생각합니다. 즉, 우리의 영혼이 현재의 형태로 존재하기 이전에 이미 존재하고 있었다는 것은 매우 우아하게 그리고 매우 충분히 입증되었다는 점을 부인하지는 않겠습

[81]

니다. 그러나 우리가 죽은 후에도 어딘가에 존재한다는 부분은 여전히 명확하게 입증되지 않은 것 같습니다. 또한 영혼이 몸보다 강하거나 더 오래 지속되지 않는다는 심미아스의 반대 의견에도 저는 동의하지 않습니다. 왜냐하면 영혼은 이러한 모든 것을 훨씬 능가한다고 생각되기 때문입니다.

[82]   그 이론이 저에게 반문할 것입니다. 사람이 죽었을 때 그의 더 약한 부분은 여전히 존재하는데, 더욱 견고한 것은 동일한 기간 동안 여전히 남아 있어야 하지 않는가 하고 말입니다. 그렇다면 제가 이에 적절한 답변을 하는지 들어봐 주십시오. 저 역시 심미아스가 말한 방식대로 비유를 들어 말해보겠습니다. 나이 많은 직조공이 죽었을 때, 선생님의 이론대로라면 이렇게 말할 수 있을 것입니다. 그 직조공은 죽은 것이 아니고 어딘가에 살아 있을 것이며, 그 증거로 그가 직접 직조해 놓은 옷이 소멸되지 않고 여전히 남아 있는 것을 들 수 있습니다. 누군가가 그를 신뢰하지 않는다면, 아마도 이렇게 물을 것입니다. 사람과 옷 중에 누가 더 오래 남을 수 있는가, 하고 말입니다. 누군가는 사람의 수명이 더 길다고 말할 것입니다. 그렇다면 의심의 여지없이 사람이 보존된다는 것이 입증되었다고 생각할 것입니다. 왜냐하면 더 덧없고 쉽게 사

라질 수 있는 것이 아직 소멸되지 않았기 때문입니다.

　이런 식으로 논증하는 사람은 누구나 어리석다고 생 [83]
각해야 할 것입니다. 직조공이 계속해서 많은 옷을 짓겠
지만 가장 나중에 만든 옷이 낡아버리기 전에 직조공이
먼저 죽었다고 그 옷이 사람보다 수명이 길다는 결론이
나올 수 있겠습니까? 설사 그렇다고 해서 사람이 옷보다
열등하거나 약하다는 것을 보여주지는 않습니다. 저는
영혼과 몸에 대해서도 이와 같은 비유를 적용할 수 있다
고 생각합니다. 영혼과 몸에 대해 그런 식으로 말하는 사
람은 제가 보기에는 옳게 말하는 것처럼 보입니다. 영혼
은 수명이 길고 육체는 더 약하고 수명이 짧다는 것은 사
실입니다. 특히 영혼은 오랫동안 살면서 어떤 몸을 입고
있다가 닳아서 소멸되면 다른 몸을 새롭게 짜서 입기를
반복할 것입니다. 결과적으로 영혼은 살아 있는 동안 여
러 몸을 입게 된다고 생각합니다. 그러니 영혼이 소멸되
기 이전의 모든 몸은 영혼보다 먼저 소멸될 것이고, 반면
영혼이 마지막으로 입은 몸의 경우에는 영혼이 먼저 소
멸될 것이며, 영혼이 떠나게 되면 연약한 존재인 몸도 역
시 이내 곧 썩어 없어질 것입니다.

　따라서 이 논증에 전적으로 의존하여, 우리가 죽었을 [84]
때 영혼이 여전히 어딘가에서 존재한다고 믿는 것은 충

분히 증명되었다고 볼 수는 없습니다. 만약에 어떤 사람이 당신이 인정하는 것보다 더 많은 것을 인정하며, 우리 영혼이 태어나기도 전에 이미 존재했을 뿐만 아니라 우리가 죽을 때도 여전히 우리 중 일부인 영혼이 어딘가에 존재하며, 이후에도 계속 존재하고, 여러 번 태어나고 다시 죽는 과정에서도 존재하며, 본래 매우 강한 본성을 가지고 있어서 그 반복적인 출생을 견딜 수 있다고 하더라도, 결국에는 그 영혼이 수없이 반복되는 재생의 과정에서 소모되어 언젠가는 육체의 죽음과 함께 완전히 죽어서 사라져 버리지는 않을까, 하는 생각을 할 수 있습니다. 그렇게 생각하는 사람은 영혼에 파멸을 가져오는 이 육체의 죽음과 소멸을 아는 사람은 아무도 없다고 말할 것입니다. 그것을 직접 인식하는 게 불가능하기 때문입니다. 만약에 이 말이 사실이라면 죽음이 다가와도 자신만만해하고 두려워하지 않는 것은 오히려 어리석은 일일입니다. 영혼이 절대 소멸하지 않는다는 명제를 입증할 수 없다면 말입니다. 영혼의 불멸이 입증되지 않는 한, 죽음이 코앞에 온 사람은 육체의 분해와 이탈, 그리고 이와 함께 영혼 역시 완전히 소멸해 버릴지도 모른다는 생각에 두려워하지 않을 수 없을 것입니다."

[85]   이들의 말을 들었던 우리는 모두 매우 불쾌한 기분이

들었습니다. 우리는 앞선 논증으로 완전히 설득되었다가 그들의 말로 인해 다시 혼란에 빠졌고, 이번에 제시되었던 논증뿐만 아니라 앞으로 제시될 논증에 대해서까지도 의심하게 되었기 때문입니다. 이로써 우리는 어떤 것도 제대로 판단할 수 없을지도 모른다는 막막함과 논증 그 자체가 믿을 수 없는 것일지도 모른다는 두려움이 들었습니다.

에케크라테스: 파이돈, 나도 당신들을 충분히 이해할 수 있을 것 같습니다. 지금 당신이 하는 말을 들으니, 저 자신에게 이런 질문을 던지게 됩니다. 그렇게나 신뢰했던 소크라테스 선생님의 논증이 매우 그럴듯하지만 더 이상 신뢰를 할 수 없는데 이제 어떤 논증을 더 믿을 수 있을까? 하고 말입니다. 영혼의 조화에 대해서는 지금도 그렇고 항상 저에게 강렬한 인상을 줍니다. 그것이 언급되었을 때 저 역시 과거에 같은 의견을 가졌던 기억이 떠오릅니다. 그래서 처음부터 다시 시작하는 마음으로, 사람이 죽으면 그 영혼이 육체와 함께 죽지 않는다는 것을 설득해 줄 수 있는 다른 논증을 듣고 싶습니다.

그러니 제우스 신이여, 말해주십시오. 소크라테스 선생님께서는 어떻게 그 논의를 이끌어가셨나요? 여러분들과 마찬가지로 소크라테스 선생님도 언짢아하시지는

185 **파이돈**

않았나요? 아니면 차분하게 선생님의 이론을 이어가셨는지요? 그리고 그가 한 말씀이 충분히 논증되었는지 아니면 그 논증이 부족했는지 들려주셨으면 좋겠습니다. 될 수 있는 한 정확하게 모든 것을 이야기해 주십시오.

[86] 파이돈: 에케크라테스, 저는 정말 소크라테스 선생님을 보며 놀라움을 금치 못한 적이 많았지만, 그때만큼 그에게 커다란 존경심이 느꼈던 적이 없었습니다. 선생님께서 분명히 답변을 이어가셨다는 사실은 그리 놀랍지 않았습니다. 하지만 제가 특히 감탄했던 점이 있습니다.

우선, 그는 젊은이들의 논증을 매우 온화하고, 친절하며, 긍정적으로 경청했습니다. 그리고 우리가 모두 그들의 견해에서 어떤 영향을 받았는지 아주 빠르게 간파하셨습니다. 마지막으로는 마치 패배한 뒤 도망친 무리와 같은 우리를 불러서 훌륭하게 치유해 주며 함께 논증을 검토하도록 격려를 아끼지 않았습니다.

에케크라테스: 어떤 방법으로 말입니까?

파이돈: 말씀해 드리겠습니다. 저는 그의 오른편, 침대 근처의 낮은 의자에 앉았습니다. 침대가 꽤 높았기 때문에 선생님은 저보다 상당히 높은 곳에 앉아 계셨습니다. 그는 종종 제 머리카락을 가지고 장난을 치곤 하셨는데, 이때도 제 머리를 쓰다듬고 계셨죠. 목에 늘어진 머리카

락을 잡아당기면서 이렇게 말씀했습니다.

"파이돈, 내일쯤이면 슬픔에 잠긴 네가 이 아름다운 머리카락을 자르게 될지도 모르겠구나?"

"네, 소크라테스 선생님, 그럴 것 같습니다."라고 제가 대답했습니다.

"자네가 이 이야기를 들으면 머리카락을 자르지 않아 [87] 도 될 걸세."

"왜 그렇습니까?"라고 제가 물었습니다.

소크라테스 선생이 답하시기를 "오늘 우리의 죽어버린 논증을 다시 살리지 못한다면, 나는 내 머리카락을, 자네는 자네의 머리카락을 잘라야 할 것이네. 만약에 내가 자네라면, 그리고 그 논리를 증명해 내지 못한다면, 아르고스 사람처럼 다시 끝까지 싸워서 심미아스와 케베스가 주장한 것들을 물리칠 때까지 머리를 기르지 않겠다고 맹세할 걸세."

제가 말했습니다. "하지만 심지어 헤라클레스도 두 사람과는 맞서 싸워 이기지 못하였다고 했습니다."

소크라테스 선생이 말하기를 "그렇다면 해가 지기 전까지는 나를 자네의 이올라오스로 부르게."

제가 대답했습니다. "그러면 헤라클레스가 이올라오스를 부르는 것이 아니라, 이올라오스가 헤라클레스를 부르는 것처럼 선생님을 부르겠습니다."

그가 말했습니다. "어느 쪽이든 상관없네. 중요한 것은 우리가 만날 위험한 것에 대해 먼저 조심해야 하는 것이네."

"조심해야 할 위험이 무엇입니까?"라고 제가 물었습니다.

그가 대답했습니다. "우리는 논증을 미워하는 자가 되지 않도록 하세. 사람을 미워할 수는 있지만, 논증을 미워하는 것보다 더 큰 불행은 없기 때문이네.

[88]　하지만 논증에 대한 혐오와 인간에 대한 혐오는 모두 같은 근원에서 시작된다네. 사람을 싫어하는 것은 우리가 어떤 사람을 충분하게 알지 못한 채 그에게 지나치게 의존하며, 그 사람을 완전히 진실하고 성실하며 신뢰할 수 있다고 여겼는데, 알고 보니 그가 타락하고 신뢰할 수 없는 사람이라는 것을 발견하면서 생기는 거라네. 그리고 그 후에도 또다시 다른 사람에게서 같은 경험을 반복하게 되는 거지. 특히 가장 친밀하고 가장 좋은 친구라고 여겼던 사람들을 통해 이런 경험을 여러 번 하게 되면, 결국 자주 실망을 겪은 끝에 모든 사람을 다 미워하게 되고, 누구도 진실하지 않다고 생각하게 된다네. 이런 일이 일어난 것을 본 적이 있는가?"

"물론 있습니다."라고 제가 대답했습니다.

소크라테스 선생이 말했습니다. "그런데 그런 감정이 부끄러운 것이라고는 생각하지 않는가? 그리고 그런 사람은 다른 사람을 만날 때 인간에 대한 충분한 지식 없이 무턱대고 사람들을 상대하려고 시도했던 것은 아닐까? 만약에 그가 인간을 제대로 안다면 아주 선한 사람이나 몹시 나쁜 사람은 매우 적고, 그 사이 중간 지점쯤에 대부분의 사람이 있다는 사실을 충분히 고려했을 텐데 말이네."

"그것이 무슨 말씀인지요?"라고 제가 물었습니다. [89]

그가 대답했습니다. "아주 큰 것과 아주 작은 것의 차이와 같다네. 아주 큰 사람이나 아주 작은 사람 또는 아주 큰 개와 아주 작은 개 등은 매우 드물지 않은가? 그리고 빠르거나 느린 것, 아름답거나 추한 것, 또는 희거나 검은 것 등에 대해서도 마찬가지가 아닌가? 모든 것 중에 극단적인 것은 드물고 적지만, 그 중간에 있는 것들은 풍부하고 많다는 것을 알고 있지 않은가?"

"물론입니다."라고 제가 대답했습니다.

그가 이어서 말했습니다. "그렇다면 만약 누가 악한지 경쟁을 벌인다면, 가장 나쁜 악은 아주 드물어서 극소수일 거라는 생각이 들지 않는가?"

"그럴 가능성이 높습니다."라고 제가 말했습니다.

그가 말하기를 "그렇네, 하지만 논증은 사람의 경우와는 다른 법이라네. 이러한 설명을 하는 것은 앞선 자네의 질문에 대한 대답으로 한 것뿐이지만, 다음과 같은 점을 비교할 수 있을 것 같네. 한 사람이 논증에 익숙하지 못하면서 어떤 논증이 전적으로 옳다고 믿었다가 얼마 후 그것이 어떤 때는 맞고 어떤 때는 틀려서 결국 옳지 않다는 것을 알게 되고, 그런 일이 반복되어 하나의 논증 뒤에 또 다른 논증이 이어지면*, 그 사람은 결국 어떤 논증도 믿지 못하게 될 걸세. 특히 논쟁적인 논증에 지나치게 몰두하는 사람들은 결국 자신들이 매우 현명해졌다고 생각하네. 오직 자신들만이 사물이나 논증 속에 견고하고 안정된 것은 없다는 진리를 발견했다고 생각한다네. 그들은 모든 존재하는 것이 에우리포스해협의 조수가 밀물이 되어 들어왔다가 다시 썰물이 되어 빠져나가는 것과

---

* καια ύθις ετερος και ετερος, 즉, '하나의 논증 뒤에 또 하나의 다른 논증'이라는 의미이다. 쿠쟁(Cousin)이 이것을 '연속적으로, 이전과는 완전히 다르게'로 번역하고, 아스트(Ast)는 '다시 또 다른 것들과 함께'라고 번역했는데, 이 둘 중 어느 쪽으로든 해석될 수 있다. 하지만 나는 다음과 같은 의미로 해석한다. 사람이 이전에 참이라고 믿었던 논증이 거짓임을 반복적으로 깨닫게 되면, 그는 이성을 완전히 불신하게 된다. 이는 마치 한 사람이 친구를 계속해서 사귀지만, 그 친구들이 하나둘씩 배신하게 되면 결국 인간 혐오자가 되는 것과 같다.

같이, 흔들리고 뒤집히며 한 상태로 오랫동안 머무르지 않는다고 생각한다네."

"정말 옳은 말씀입니다."라고 제가 말했습니다.

소크라테스 선생이 말했습니다. "그렇다면 파이돈, 진 [90] 실하고 타당한 논증이 있지만, 때로는 진실처럼 보이고 또 때로는 거짓처럼 보이는 논증들에 직면하여, 자신의 부족함과 허물을 탓하지 않고, 오히려 논증 자체를 탓하 며 그로 인해 남은 삶 동안 논증을 증오하고 비난하며 살 아간다면, 그래서 존재하는 모든 것에 대한 진리와 지식 을 얻을 기회를 놓친다면, 얼마나 슬프겠는가?"

"오, 제우스 신이시여, 이건 정말 슬픈 일입니다."라고 제가 말했습니다.

그가 말을 이어갔습니다. "그러니 우선, 논리적 사고 의 그 어느 것에도 견고한 것은 없다는 생각을 우리 영혼 이 받아들이지 않도록 경계해야 하네. 오히려 우리가 아 직 견고한 상태에 이르지 못했다는 것을 인정하고, 자네 들과 다른 이들은 앞으로의 삶 전체를 위해, 그리고 나 는 나의 죽음을 위해 열심히 노력해야 할 걸세. 지금 나 는 이 주제에 관하여 철학자답게 행동하지 못하고, 완전 히 무지한 사람들과 같이 논쟁꾼처럼 행동할 위험에 처 해 있는 것 같네.

파이돈

[91]   그런 논쟁꾼들은 어떤 주제에 대해 논쟁할 때 그 주제 자체에는 관심을 두지 않고, 오히려 자신들이 주장한 것이 듣는 이들에게 진실로 보이게끔 애쓰는 것에만 신경을 쓴다네. 지금 이 자리에 선 나 자신이 그들과 다른 점은 오직 이것뿐이라는 생각이 드네. 즉, 내가 말하는 것이 여기 있는 사람들에게 진실로 보이도록 노력하지는 않을 것이네. 단지 우연히 그렇게 보이게 된다면 모를까, 나는 내가 말하는 것이 다른 사람이 아닌 나 자신에게 확실히 진실로 보이도록 하는 데에 더욱 관심을 둔다네. 나의 친애하는 친구여, 만약에 내가 말하는 것이 진실이라면, 그것을 믿으면 좋은 일이겠지. 만약에 죽은 사람에게 아무것도 남지 않는다면, 죽음 직전의 짧은 순간 동안 비탄에 빠져 곁에 있는 사람들을 슬프게 만들고 싶지는 않네. 이러한 나의 무지는 비록 나쁜 일이겠지만, 오래 지속되지 않고 곧 끝이 날 것이네."

소크라테스 계속 말을 했습니다. "그러니 심미아스와 케베스, 이제 나는 이런 마음가짐으로 우리의 논증에 임할 것이네. 자네들은 진리만을 생각하고 나, 소크라테스의 일에 대해서는 생각하지 않았으면 좋겠네. 내가 무언가 진실한 것을 말한다고 생각하면 동의하게나. 그렇지 않다면 최선을 다해 반대하게. 내가 열심히 논증하다가

나 자신과 자네들을 속이고, 마치 벌처럼 자네들에게 침을 남기고 떠나는 일이 벌어지지 않도록 주의하게나.

그럼 시작해 보겠네. 우선, 내가 잊어버린 것이 있다 ^[92]면 상기시켜 줘야하네. 내 기억에 심미아스는 영혼이 몸보다 더욱 신성하고 아름다울지라도, 조화를 이루는 존재로서 몸보다 영혼이 먼저 소멸할지는 않을까에 대한 의구심으로 두려워하는 것 같네. 반면 케베스는 영혼이 몸보다 더 오래 지속된다는 점에 있어 나의 의견에 대해서는 인정하는 듯하지만, 영혼이 여러 개의 몸으로 들어갔다가 나오기를 반복하면서 마지막 몸을 떠날 때 영혼도 역시 소멸하는 것은 아닌지, 그리고 몸이 소멸하는 것은 지속되기 때문에, 영혼의 파멸이 바로 죽음은 아닌지 확실하지 않다고 주장했던 것 같네. 심미아스와 케베스, 우리가 살펴봐야 할 것들이 바로 이런 내용들이 맞지 않나?"

심미아스와 케베스, 둘 다 그 내용들이 맞다고 동의했습니다.

소크라테스 선생이 이어서 말했습니다. "그렇다면, 우리의 이전 논증을 전부 거부하는 것인가, 아니면 일부는 거부하고 일부는 받아들이는 것인가?"

그 둘이 대답했습니다. "일부만 거부합니다. 거부한

것 이외의 것들은 인정합니다."

소크라테스 선생이 이어서 말하기를 "그렇다면 지식이란 기억하는 것이며, 그런 것으로 보아 영혼은 육체 속에 갇히기 전 어딘가에 존재해야만 한다는 논증에 대해서는 어떻게 생각하는가?"

[93]   케베스가 대답했습니다. "저는 그 당시에도 이 논증에 대해서는 다른 어떤 논증보다도 크게 설득되었으며, 지금도 여전히 그 입장을 고수하고 있습니다."

심미아스가 이어서 대답했습니다. "저도 역시 같은 생각입니다. 그 부분에 대해서는 결코 다른 의견을 가질 수 없을 정도로 동의합니다."

소크라테스 선생이 말했습니다. "나의 테베에서 온 친구들이여, 조화란 여러 가지로 구성된 것이고 영혼이 몸 안에서 결합한 부분들로부터 생겨난 일종의 조화라는 의견이 옳다고 한다면, 자네가 가지는 생각을 반드시 바꿔야 하네. 조화라는 개념은 그것들을 구성하기 위한 요소들이 존재하기 이전에 이미 존재했다고 주장할 수는 없기 때문이네. 자네는 그렇게 주장하고자 하나?"

"소크라테스 선생님, 결코 그렇게 얘기하지 않을 것입니다."라고 그가 대답했습니다.

소크라테스 선생이 말했습니다. "자네는 영혼이 인간

의 몸에 들어오기 전에 이미 존재했다고 주장하면서도, 그것이 아직 존재하지 않는 것들로부터 구성되었다는 결론이 도출된다는 것을 깨닫고 있는가? 조화는 자네가 생각한 것처럼 영혼과 같은 것이 아니라네. 그렇다면 하프와 현과 소리가 부조화의 상태로 먼저 존재하고, 마지막으로 조화가 만들어지게 되네. 그리고 가장 먼저 소멸하는 것도 바로 그 조화라네. 그러니 영혼을 조화로 보는 주장 앞에서 우리가 말한 논증이 일치할 수 있겠나?"

"전혀 일치할 수 없습니다."라고 심미아스가 대답했습니다.

소크라테스 선생이 말했습니다. "그리고 조화를 주제 [94] 로 하는 어떤 논증에서든 견해 자체에도 조화는 있어야 한다네."

"그렇습니다. 그래야 합니다."라고 심미아스가 말했습니다.

소크라테스 선생이 이어서 말하기를 "하지만 자네의 이 주장은 일관되지 않네. 그렇다면 이 두 가지 주장 중 어느 것을 더 선호하는지 생각해 보게. 지식은 기억이라고 하는 주장과 영혼은 조화라는 주장 사이에서 말일세."

심미아스가 대답했습니다. "소크라테스 선생님, 저는 두 가지 견해 중 전자는 옳다고 생각합니다. 왜냐하면 후

자는 단순히 그럴듯함과 가능성을 기반으로 주장된 것으로 대부분의 사람이 그들의 의견을 이런 식으로 믿고 있을 뿐 확신하지는 못합니다. 확률에 근거한 논증은 무의미하므로, 그러한 논증에 제대로 주의를 기울이지 않으면, 기하학이나 그 밖의 일에 있어서와 같이 속기 쉽습니다. 반면에 기억이나 지식에 관한 이론은 만족스러운 가설에 따라 증명되었다고 볼 수 있습니다. 영혼에는 '존재하는 것'이라는 본질이 있기 때문입니다. 이에 대해 저는 스스로 충분히 그리고 올바르게 확신하고 있습니다. 그러므로 제 생각에는 나 스스로에게나 다른 누구에게도 영혼은 조화라는 견해가 받아들여져서는 안 된다고 생각합니다."

[95]   소크라테스 선생이 말했습니다. "하지만 심미아스, 이렇게 생각해 보면 어떻겠나? 자네는 조화나 그 외의 다른 구성물이 그것을 구성하는 것들의 존재 방식과 다르게 존재할 수 있다고 생각하는가?"

"아니요, 그렇지 않습니다."

"그렇다면 내 생각에는 조화가 그것을 구성하는 것들이 하는 것 외에 다른 어떤 작용을 하거나, 또는 그것들이 겪는 것 외에 다른 것을 겪는 것도 가능하지 않겠지?"

심미아스는 이 말에 동의했습니다.

"따라서 조화란 그 조화를 이루는 구성 요소들보다 앞서거나 이끌며 지배하는 것이 아니라, 오히려 그 요소에 따른다고 해야겠지."

심미아스는 이 말에도 동의했습니다.

"그렇다면 조화가 그 요소와 반대로 움직이거나 상반되는 소리를 내거나, 또는 다른 어떤 면에서도 그것들에 반대되는 일은 전혀 할 수 없겠지."

"맞습니다."

"그렇다면 결국 모든 조화의 본질은 자연적으로 그 구성 요소들이 어떻게 조화되는가에 달린 것 아니겠나?"

"잘 이해가 되지 않습니다."라고 심미아스가 대답했습니다.

"만약에 조화의 정도가 더 완전하고 충만하게 이루어진다면, 그 조화는 그만큼 더 완전하고 충만해질 것이고, 반대로 덜 완전하고 더 부족하게 그 조화의 정도가 이루어진다면, 결국 그 조화도 그만큼 덜 완전하고 더 부족하게 만들어진다는 말일세."

"물론입니다."

"그렇다면 이것이 영혼에도 적용이 될까? 아주 미세한 정도라도 어떤 영혼이 다른 영혼보다 더 크고 더 완전하거나, 또는 덜 크고 덜 완전한 영혼이라는 본질을 가지는 경우가 있을까?"

"결코 그럴 수는 없습니다."라고 그가 대답했습니다.

[96]   소크라테스 선생은 말했습니다. "그러면 한 영혼이 지혜와 덕을 갖추고 있으면 선하다 하고, 무지하고 악덕을 갖추고 있으면 나쁘다고 말할 수 있지 않은가? 이렇게 말하는 것이 옳은가?"

"물론 옳습니다."

"그렇다면 영혼이 조화라고 주장하는 사람들은 그 영혼 안에 있는 선과 악에 관하여 무엇이라고 말할까? 거기에 하나의 조화가 있고, 또 다른 하나의 부조화가 있다는 말인가? 선한 영혼은 조화가 있어서 자신 속에서 조화를 이루고 있으며, 악한 영혼은 부조화가 있어서 자신 속에서 조화를 이루지 못하고 있다고 말하겠는가?"

심미아스가 대답했습니다. "뭐라고 말해야 할지 모르겠습니다. 하지만 그런 주장을 하는 사람이라면 분명히 그렇게 말할 것 같습니다."

소크라테스 선생이 말했습니다. "하지만 이미 한 영혼이 다른 영혼보다 덜 크고 덜 완전할 수 없다는 것은 인정하였지. 이것이 곧 하나의 조화를 다른 조화와 비교하여 그 정도에 더하고 덜할 수 없다는 말 아니겠나?"

"그렇습니다."

"그리고 더 잘 된 조화나 덜 잘 된 조화도 없다는 것은 조화의 정도가 많거나 적을 수 없으며 오직 모든 조화가 동등하다는 뜻 아니겠나?"

"물론 조화는 동등합니다."

"따라서 한 영혼이 다른 영혼보다 더함이나 덜함이 없 [97] 다면, 그 영혼은 더 조화되거나 덜 조화됨도 없다고 봐야 하지 않겠나?"

"물론 그렇습니다."

"이와 같은 상태에서도 악이 부조화이고 미덕이 조화 라면, 어떤 영혼이 다른 영혼보다 더 많은 조화나 부조화 를 담고 있는 것이 가능하겠나?"

"그럴 수는 없습니다."

"그러므로 심미아스, 더 정확하게 말하면 영혼이 조화 라면, 어떤 영혼도 악덕을 지닐 수 없을 걸세. 조화는 그 자체로 완전하기 때문에 부조화가 있을 수 없는 것이 아 닌가?"

"그렇습니다."

"따라서 완전한 영혼도 악덕을 포함할 수는 없겠군."

"지금까지 논의한 바가 옳다면 물론 그렇습니다."

"이 논리에 따르면, 모든 영혼이 그 본질에 있어서 동 일하게 모두 다르지 않다면, 모든 생명체의 영혼은 모두

파이돈

선하다고 할 수 있지 않겠나?"

"소크라테스 선생님, 옳은 말씀입니다."

"그러면 자네의 생각에는 이 논증이 올바르게 논의되었고, 영혼이 조화라는 가설이 맞다면 우리가 말하는 결과로 이어진다고 보는가?"

[98]   "옳지 않은 것 같습니다."라고 그가 대답했습니다.

소크라테스 선생이 말했습니다. "그러면 인간을 구성하는 모든 것 중에 인간을 지배하고 있거나 특히 지혜롭다고 말할 수 있는 것이 영혼 외에 또 다른 것이 무엇이 있는가?"

"없다고 해야 할 것입니다."

"영혼이 몸이 원하는 것에 복종한다고 생각하나 아니면 그렇지 않다고 생각하나? 내 말의 뜻은 이렇다네. 예를 들어, 열과 갈증이 있을 때 영혼이 원하는 것의 반대 방향으로 이끌고 가 마시는 것을 막고, 배고픔이 있을 때는 먹는 것을 막으며, 그리고 다른 수많은 상황에서도 영혼이 육체의 욕망에 반대하는 것을 볼 수 있지 않은가?"

"그렇습니다."

"하지만 영혼이 조화라고 한다면, 영혼은 그 구성 요소들이 팽팽하게 당겨지거나 느슨해지거나 진동하거나 그 밖의 다른 어떤 상태로 있을 때 그와 상반된 소리를 낼 수 없고, 그 요소들을 지배하지 못하고 따라야 한다고 이미 동의하지 않았나?"

"동의했습니다. 그렇지 않다고 할 수 없지요."라고 그가 대답했습니다.

"그런데 지금 보니 영혼이 그 구성 요소들로부터 유래했다고 말할 수 있는 모든 부분을 지배하며, 거의 모든 것에 평생 저항하며, 다양한 방식으로 그것들을 지배하고 있는 것처럼 보이지 않는가? 때로는 체육과 의학으로 더 심하게 고통을 주는가 하면, 때로는 더 부드럽게 다스리며, 욕망과 분노와 공포를 위협하거나 달래며, 마치 그 자체가 완전히 다른 본성을 지닌 존재로서 존재하는 것처럼 보이지 않는가?

마치 호메로스가 《오디세이아》*에서 묘사한 것처럼 말 [99] 이네. 오디세이아에서 그는 '가슴을 치며 그의 마음을 다음과 같은 말로 꾸짖었다. 버텨라, 내 마음이여, 이전에 너는 훨씬 더한 것도 이겨 내지 않았느냐?'라고 말했다네. 자네는 그가 영혼을 조화라고 믿고 육체의 욕망에 사로잡힐 수 있다고 여긴 것이 아니라, 오히려 영혼이 그것들을 이끌고 다스릴 수 있는 것으로, 조화와 비교할 수

---

* 《오디세이아》, lib. xx. ver. 7.

파이돈

없을 만큼 훨씬 더 신성한 존재라고 믿어서 그렇게 글을 썼다고 생각하지 않는가?"

"제우스 신의 이름을 걸고, 소크라테스 선생님 저도 그렇다고 생각합니다."

"그렇다면 영혼을 일종의 조화라고 말하는 것은 옳지 않은 것 같네. 왜냐하면 그렇게 한다면, 우리는 호메로스라는 그 신성한 시인의 생각과도 우리 자신이 지금까지 말해온 것이 일치하지 않기 때문이라네."

"그렇습니다."라고 그가 대답했습니다.

소크라테스 선생이 말했습니다. "그렇다면 테베의 하르모니아에 대해서는 이 정도에서 마무리하는 것이 어떻겠나? 그럼, 이제 카드모스*와 관련된 것은 어떤 논증으로 달래야 하겠는가, 케베스?"

[100] 케베스가 대답했습니다. "선생님이라면 이 문제를 해결하실 수 있을 것 같습니다. 왜냐하면 조화에 대한 반박도 예상보다 훨씬 훌륭하게 풀어내셨기 때문입니다. 심미아스가 자신의 의구심을 말했을 때, 그 논리를 누가 반

---

* 하르모니아는 테베의 시조인 카드모스의 아내이다. 소크라테스는 두 명의 테베인 친구 심미아스와 케베스를 각각 하르모니아와 카드모스에 비유해서 말한다. 그는 조화의 옹호자인 심미아스를 논박한 후, 카드모스로 대표되는 케베스의 주장에 대응한다고 말하는 것이다.

박할 수 있을지 매우 궁금했습니다. 그런데 선생님의 논증이 첫 시작에서부터 그의 논리를 무너뜨리는 것을 보고 정말 감동했습니다. 그래서 카드모스의 주장이 같은 운명을 겪게 되어도 전혀 놀랍지 않을 것 같습니다."

소크라테스 선생이 말했습니다. "케베스, 그렇게 자신만만하게 말하지 말게나. 무언가 우리를 질투하는 힘이 이제 막 시작하려는 논의를 방해할지도 모르니. 다만 그 염려는 모두 신께 맡기고, 호메로스의 방식으로 정면 승부를 펼쳐보며 자네의 주장이 타당한지 살펴보면 좋겠네. 요약해 보면, 자네가 묻고자 하는 바는 다음과 같네. 우리의 영혼이 소멸하지 않고 불멸임을 철학자로서 증명해 달라는 것이네. 사람이 죽은 후 이전과는 다른 삶을 살아간다면, 죽음을 앞두고 더 행복해질 것이라는 확신과 희망을 품는 일이 헛되거나 어리석지 않다고 믿을 수 있도록 말이네.

자네는 영혼이 무언가 강하고 신성한 존재인데, 우리가 태어나기 전부터 존재했다는 것은 증명할 수 있다고 하더라도, 그것이 영혼의 불멸성을 증명하지는 않는다고 말했지. 영혼이 단지 오랫동안 지속되면서 많은 것을 알고 행했다고 하더라도, 이것이 영혼이 불멸한다는 명제를 증명하는 것은 아니라고 주장했네. 그렇다면 이는 오 [101]

히려 인간의 몸에 들어간 영혼이 질병과 같이 파괴의 시작이 된다는 말 아닌가. 즉, 자네는 영혼이 결국 죽음이라는 상태로 소멸하게 될 것이란 주장을 했네. 그리고 영혼이 한 번 몸에 들어오든 여러 번 들어오든, 그것은 우리가 두려워해야 할 이유가 아니라고 말했지. 왜냐하면 영혼이 불멸하다는 것을 알 수 없고 또한 이를 논증할 수 없기 때문에 어리석은 사람을 제외하고는 다 영혼의 소멸을 두려워한다고 말했네. 케베스, 나는 자네가 한 말을 요약하면 이와 같다고 생각하네. 내가 일부러 자주 반복하는 이유는 어떤 부분도 놓치지 않기 위함이며, 원한다면 내용을 더 추가하거나 삭제해도 좋다네."

케베스가 대답했습니다. "지금으로서는 더 추가하거나 삭제하고 싶은 내용이 없습니다. 제가 말하고자 한 그대로입니다."

[102]   소크라테스 선생은 한참을 멈춰 곰곰이 생각하더니 말했습니다. "케베스, 자네가 말한 문제는 결코 쉬운 문제가 아니네. 왜냐하면 생성과 소멸이라는 주제를 전반적으로 논의해야 하기 때문이라네. 만약 괜찮다면, 내가 이 주제와 관련하여 겪은 일을 자네에게 얘기해 주겠네. 그리고 내가 말하는 것 중에 자네가 다루고 싶은 주제에 대한 확신을 주는 부분이 있다면 그것을 활용해 보게."

"저도 그렇게 하기를 바랍니다."라고 케베스가 대답했습니다.

"그렇다면 한번 들어보게, 케베스. 내가 젊었을 때 나는 자연철학에 대한 지식을 넓히기 위해 부단히 노력했다네. 모든 것의 원인, 즉 사물이 왜 생성되고, 소멸하며, 또 존재하는지에 대해 아는 것이 대단히 고귀한 일이라고 여겼다네. 그래서 나는 이런 것들을 수없이 생각하며 내 머릿속을 엎치락뒤치락 했다네. 이를테면 동물의 탄생은 어떤 사람들이 말했듯이 열기와 냉기가 일정한 부패를 겪으면서 형성된 것인가, 혹은 우리의 사고력은 피를 통해서 생기는가 아니면 공기나 불에 의한 것인가, 그 어느 것도 아니라면 보고 듣고 냄새를 맡는 감각기관을 지배하는 뇌에 의한 것인가. 또 이런 감각들로부터 기억과 의견이 생기고, 기억과 의견이 안정된 상태에 이르렀을 때 지식이 같은 방식으로 생성되는가와 같은 문제들에 대해서 말일세.

이런 것들의 부패나 하늘과 땅에서 우연히 일어나는 [103] 현상들을 고민했다네. 그러다가 문득 내가 그런 것을 알아내는 데에는 너무 서툴다는 사실을 스스로 깨닫게 되었네. 서툴러도 정말로 너무 서툴다는 것을 말일세. 그 증거를 자네에게 충분히 증명해 보이겠네. 이러한 어림짐

작하는 것들 때문에 나는 이전에 나 자신과 다른 사람들도 분명히 알고 있다고 생각했던 것들에 대해서조차 눈이 흐려지고 말았다네. 그래서 내가 이전에 알았다고 생각한 많은 주제, 특히 사람은 왜 성장하는가에 대해서도 잊어버리게 되었다네. 이전에는 사람이 먹고 마시는 것으로 성장한다는 것이 누구에게나 명백하게 받아들여지는 사실이라고 생각했네. 음식을 먹으면서 몸에 살이 찌고 뼈가 굵고 튼튼해지면서 신체 각 부분들에도 여러 영양분이 더해지면서 몸이 커지고 성장해 작은 사람이 큰 사람이 된다고 여겼네. 그 당시 내 생각은 이러했다네. 자네는 이런 나의 견해가 당연하다고 생각하나?"

"그래 보입니다."라고 케베스가 말했습니다.

[104]   "자, 그럼 이점에 대해서도 좀 생각해 보게나. 나는 키 큰 사람이 키 작은 사람 옆에 서 있는 것을 보고, 그의 키가 머리 하나만큼 더 크다고 생각했고, 내가 옳은 의견을 가졌다고 생각했네. 또한 어떤 말이 다른 말보다 커 보였을 때도 그런 식으로 생각했으며, 숫자 10이 숫자 8보다 2가 더 크다거나 두 큐빗이 한 큐빗보다 더 길다는 것은 더 명확하다고 생각했다네."

케베스가 물었습니다. "그럼, 지금은 이런 문제들에 대해 어떻게 생각하시나요?"

소크라테스가 말했습니다. "제우스의 이름을 걸고 맹세코, 지금의 나는 내가 그 원인을 알고 있다고 생각하지 않는다네. 왜냐하면 나 스스로도 설득할 수 없기 때문이라네. 예를 들어, 하나에 하나를 더했을 때, 원래 있던 하나가 둘이 된 것인지, 아니면 더해진 하나와 원래 있던 하나가 서로 합쳐져서 둘이 된 것인지조차 확신할 수 없다네. 나는 다음과 같은 점이 의아하다네. 각각이 따로 분리되어 있을 때는 분명히 하나였고 둘이 아니었는데, 그것들이 가까워졌을 때 비로소 둘이 되는 원인이 이 결합에 있다고 할 수 있는 것인지 말이네.

또한 어떤 사람이 하나를 둘로 나누었다고 할 때, 그 [105] 나눔 자체가 또한 둘이 되는 원인이라는 것을 나 스스로 이해할 수 없었네. 왜냐하면 이것이 앞서 말한 둘이 되는 원인과 정반대이기 때문이라네. 앞의 경우, 둘이 가까워지고 하나가 다른 하나에 더해지며 둘이 되었다고 했지만, 이 경우에는 하나가 다른 하나로부터 떨어져 분리되었기 때문에 둘이 된다고 하니 말일세. 또한 나는 여전히 왜 하나가 하나인지, 또는 한마디로 말해서 이 방법으로는 왜 생성되고, 소멸하고, 존재하는지 알 수가 없었네. 나는 이러한 방법을 수긍할 수가 없어서 나름대로 다른 방식들을 함께 가져와 사용해 봤다네.

마침 나는 어떤 사람이 아낙사고라스가 썼다는 책의 한 부분을 읽는 것을 들었네. 그 책에는 만물에 질서를 부여하는 것이자 만물의 원인이 되는 것이 지성이라는 내용이 있네. 나는 지성이 만물의 원인이라는 것이 기뻤고, 상당히 일리가 있는 말이라고 생각했네. 그리고 스스로 곰곰이 생각해 보았지. 만약 그렇다면, 지성이 모든 것을 다스리며 각각의 것을 질서 있게 만들고, 각각의 사물을 그것에 가장 적합한 방식으로 배치한다는 것이 아닌가 하고 생각했다네.

[106] 그래서 누군가가 만물의 원인, 즉 그것이 어떻게 생성되고 소멸하며 존재하는지를 발견하고자 한다면, 반드시 그것이 존재하거나 고통받거나 또는 그 밖의 다른 어떤 일에 있어 최선의 방법으로 밝혀야 한다고 생각했네. 이와 같은 방식의 추론을 통해 다음 두 가지를 알았네. 하나는 사람은 자기 자신, 그리고 다른 사람과 관련하여 오직 최상의 것과 최고의 것이 무엇인지만 고려해야 하며, 그 밖의 것들은 고려해서는 안 된다는 것이야. 또 하나는 최고의 선을 알게 된다면 필연적으로 최악의 것도 알아야 한다는 걸세. 왜냐하면 최고의 선을 알면 최고의 악도 자연히 알게 될 것이기 때문이라네.

이와 같은 생각에 도달한 나는 아낙사고라스에게서

내가 찾고자 했던 만물의 원인을 알아냈다는 생각에 무척 기뻤다네. 그가 먼저 땅이 평평한지 또는 둥근지에 대해 알려주고, 알려준 뒤에는 그것이 왜 그런지에 대한 원인과 필요성을 훨씬 더 좋은 원리에 따라 설명해 주리라 기대했네. 그리고 그가 만약에 평평한 것과 둥근 것 가운데에 있다고 한다면, 그것이 그렇게 있는 것이 왜 더 나은지에 대한 이유도 반드시 함께 설명해 줄 것이라고 생각했다네. 그가 추론과 논증을 통해 이것들을 모두 나에게 명확하게 증명만 해준다면, 나는 더 이상 다른 어떤 종류의 원인도 요구할 필요가 없을 거라고 생각했어.

태양과 달, 그리고 다른 별들이 서로 어떤 속도와 궤도로 움직이는지를 비롯한 관련된 질문들, 그리고 각각의 존재들이 지금과 같이 작용하고 영향을 받는 것이 어떻게 더 나은지에 대해 물어보고 들을 준비가 되어 있었다네. 나는 아낙사고라스가 만물의 질서가 지성에 의한 것이라고 말했기 때문에 이 모든 것의 지금 상태가 가장 최선이라는 것 외에 다른 이유를 제시하리라고는 전혀 생각하지 않았다네. 그래서 그가 각각의 원인과 공통되는 원인을 제시하고, 왜 그것들이 각자에게 또 모든 것 전체에게 최선인지를 설명해 주리라 기대했다네. 나는 이런 엄청난 희망을 주기만 한다면 상당한 대가를 치른다고

[107]

해도 포기하지 않았을 거라네. 그래서 최대한 빨리 최선과 최악이 무엇인지 알기 위해서 그의 책들을 정신없이 읽어 내려갔다네.

[108] 하지만 친구, 나의 놀라운 희망은 정말 순식간에 사라져 버렸다네. 그의 저술을 읽어가면서 나는 모든 질서의 원인으로, 지성을 전혀 사용하지 않은 채, 공기, 에테르, 물과 같은 것들과 그에 못지않게 터무니없는 것들을 제시하는 논리와 마주쳤기 때문이라네. 그래서 나에게 그는 이렇게 말하는 사람처럼 보였다네. 이를테면 소크라테스가 하는 모든 일은 지성에 의해 이루어진다고 말해놓고, 각 행동의 원인을 설명하면서는 내 육체가 골격과 근육으로 구성되어 있다고 말하는 셈이지. 우선 내가 지금 여기 앉아 있는 이유가 내 몸이 뼈와 힘줄로 이루어졌기 때문이라는 것이야. 뼈는 단단하고 관절은 서로 연결되어 있으며, 힘줄은 늘어났다가 줄어들 수 있어서 뼈를 덮고 살과 피부가 그것들을 감싸고 있다는 식으로 말이지. 그래서 뼈는 관절에 매달려 있으며, 힘줄은 이완되고 수축하면서 내가 지금처럼 팔다리를 구부릴 수 있으며, 이런 원인으로 내가 이렇게 몸을 웅크리고 앉아 있다는 식으로 책에서 설명했다는 말일세.

[109] 마찬가지로 내가 자네들과 대화를 주고받는 것 또한

같은 방법으로 설명하고 있다네. 원인으로 목소리, 공기, 청각, 그리고 이 외의 비슷한 수만 가지의 것들을 제시하면서 진짜 원인을 전혀 언급하지 않으니 내가 어떻게 생각해야 하겠나? 아테네 사람들은 나를 유죄로 판결하는 것이 더 낫다고 판단했기 때문에, 나 또한 여기 앉아 있는 것이 더 낫고, 그들이 명령한 처벌을 받아들이는 것이 더 정의롭다고 판단했기 때문에 내가 여기 있는 것이네, 맹세코 내가 만약에 이렇게 하는 것을 더 정의롭고 명예롭다고 생각하지 않았다면, 내가 도시의 판결을 피해 몰래 도주하여 나의 이 뼈와 힘줄은 이미 메가라 근처나 보이오티아에 가 있을 거라네.

그러니 그런 것들을 원인으로 제시하는 것은 너무나 터무니없다네. 하지만 내가 뼈와 힘줄과 같은 신체의 여러 부분이 없다면 내가 옳다고 생각하는 대로 행동할 수 없었을 것이라는 주장 역시 타당하긴 하네. 그러나 내가 지성에 근거해서 어떻게 하는 것이 더 나은지 선택한 것이 그 원인인데, 정작 마치 나의 뼈와 힘줄 등이 그 원인이라고 말하는 것은 극도로 비합리적인 생각이네.

이는 진정한 원인과 그 원인이 실제의 원인이 되기 위 [110] 해서 없어서는 안 될 다른 부수적인 원인을 구별하지 못하기 때문이라네. 내 생각에는 어두움 속에서 더듬거리며 손에 집히는 무언가 하나를 집어들고 그것에 이상한 이름을 붙여 그것들을 진정한 원인이라고 부르는 것처럼 보인다네. 그런 이유로, 어떤 이는 하늘에서부터 지구가 무언가에 둘러싸여 있어서 지구가 고정되어 있다고 말하고, 또 어떤 사람들은 지구를 공기라는 받침대 위에 얹혀놓은 넓은 물받이 같다고 주장하기도 한다네. 그러나 정작 사람들은 이러한 것들이 최선의 방식으로 배치될 수 있도록 만들어주는 힘을 찾으려고도 하지 않고, 그 힘이 초인적인 힘이라고도 생각하지 않는다네. 대신 언젠가 이런 모든 것을 지탱하면서 담을 수 있는 지금보다 더 강한 불멸의 아틀란티스를 찾아낼 것이라고 생각한다네. 그러나 이는 실제로 선과 모든 것을 결속하면서 지탱해야 할 본질 자체에 대해서는 전혀 생각하지 못하고 있는 태도라네.

나는 자연철학의 원인을 제대로 배울 수 있다면, 어떤 사람이든 무척 기쁘게 그의 제자가 될 용의가 있었지만, 나의 이런 기대는 무너졌으며 그런 사람을 찾지도 못했고 나 스스로도 이를 발견할 수 없었다네.

케베스, 내가 어떻게 그 근원을 찾아 두 번째 항해를 나섰는지 계속 듣기를 원하는가?"

[111]   "들을 수 있기를 간절히 원합니다."라고 케베스가 대

답했습니다.

소크라테스 선생이 말했습니다. "그 후로 나는 존재하는 것들을 탐구하는 데 아주 지쳐버렸다네. 마치 태양의 일식을 맨눈으로 바라보고 살피다가 시력을 잃는 사람들처럼 내가 시력을 잃을까 걱정되었다네. 일식을 바라볼 때 물이나 다른 매개체에 비친 태양의 상을 간접적으로 관찰하지 않으면 눈을 다치게 되듯이, 같은 이치로 나 역시 사물들을 눈으로 직접 바라보고, 여러 감각을 통해 그것을 파악하려고 했다가 내 영혼의 눈이 완전히 멀게 될까 두려웠네. 그래서 나는 추론에 의지하고, 추론에 기반을 두고, 사물의 진리를 탐구해야 한다고 생각했다네. 왜냐하면 추론을 통해 사물을 관찰하는 방법은 현실 속에서 행동과 경험으로 관찰하는 것보다 더 모호한 결과를 만들 수밖에 없다는 사실을 받아들일 수 없었기 때문이라네. 물론 태양의 일식과 비교한 나의 비유가 어느 정도는 부정확할 수 있다는 생각이 드네. 하지만 나는 이 방법을 선택했네. 매번 내가 가장 강력하다고 여기는 추론을 전제하며, 이 추론과 일치하는 것들은 원인과 다른 모든 면에서 진리이고, 반면 추론과 일치하지 않는 것들은 진리가 아니라고 간주했다네.

그런데 자네를 보니 아직 내 이야기를 잘 이해하지 못 [112]

파이돈

한 듯하니, 내가 좀 더 명확하게 설명하는 것이 좋겠군."

"제우스 신께 맹세코, 정말 그렇습니다. 잘 모르겠습니다."라고 케베스가 말했습니다.

소크라테스 선생이 이어서 말했습니다. "내가 지금부터 자네에게 해줄 얘기는 완전히 새로운 것이 아니라네. 오히려 우리가 이전에 논의하면서 절대 멈추지 않고 계속 얘기했던 것을 다시 반복하려 하네. 그러니 내가 추구해 온 원인의 본성에 대해 먼저 자네에게 설명해 보겠네. 자네가 잘 알고 있는 주제들로 돌아가, 그것들을 출발점으로 삼아 다음과 같이 가정을 세워보겠네.

추상적인 개념인 아름다움, 선함, 크기가 있다고 가정해 보세. 이러한 가정을 전제로 처음부터 출발해 보겠네. 만일 자네가 이에 동의한다면, 나는 이것들로부터 원인을 자네에게 설명하고 영혼이 불멸하다는 것을 입증할 수 있을 것 같네."

케베스가 말했습니다. "그렇다면 제가 동의합니다. 그렇게 해서 도출된 선생님의 결론이 무엇인지 어서 말해 주십시오."

소크라테스 선생이 이어서 말했습니다. "그렇다면 그로부터 어떤 결과가 도출되는지 들어보게. 그리고 자네가 나와 같은 생각인지 아닌지에 대해 생각해 보게. 만약에 아름다움 그 자체 외에도 다른 어떤 것이 아름답다고 한다면, 그 이유는 그 절대적인 아름다움에 속하기 때문에 아름다운 것이지, 다른 이유 때문이 아니라네. 그리고 나는 모든 것에 대해 같은 말을 한다네. 자네는 이런 원인에 대해 동의하는가?"

"동의합니다."라고 케베스가 말했습니다.

"나는 다른 이들이 말한 원인들이 아직도 이해가 되 [113] 지 않으며 받아들일 수도 없다네. 누군가가 나에게 아름다운 색이나 모양, 그 외의 그와 비슷한 것이 아름다움의 원인이라고 한다면, 나는 그에게 그런 말을 내게 하는 것은 나를 혼란에 빠트리는 일이라 하며 거부할 걸세. 하지만 나는 그 대신에 단순하면서도 온전히 또 어찌 보면 바보스럽게, 그것이 아름다운 원인은 어떤 방식이나 어떤 수단으로든 절대적인 아름다움이 존재하거나 전달되기 때문이라고 말할 거라네. 내가 이를 확신하여 주장할 수 있는 이유는 단지 아름다움 자체를 통해 모든 아름다운 것이 아름다워진다고 믿기 때문이네. 이것은 나 자신과 다른 사람들에게도 가장 안전한 답변처럼 보인다네. 이와 같은 생각으로 접근한다면 나는 결코 다시 헤매지도 않을 것이고, 나와 다른 누구에게도 가장 확실한 답변이 될 것이네. 즉 아름다움을 통해 아름다운 것들이 아름다워진다는 말이네. 자네의 의견은 어떠한가?"

"그렇게 생각합니다."

"그렇다면 더 큰 것은 큼 자체가 원인이 되며, 더 작은 것들은 작음 자체가 원인이 되는 것 아니겠나?"

"그렇습니다."

[114] "그렇다면 만일 어떤 사람이 다른 사람과 비교하여 저 사람보다 머리만큼 크다고 말하며 또 머리만큼 작다고도 말한다면, 자네는 그 의견을 받아들이지 않고 오히려 다음과 같이 자네의 의견을 내세우지 않겠나? 즉, 더 큰 것이 다른 것보다 더 큰 이유는 오직 크기 때문이며, 바로 그 크기 때문에 크다고 주장할 것이네. 만약 누군가가 어떤 사람이 머리를 기준으로 크다고 말한다면, 그 주장이 또 다른 주장과 부딪칠 수 있네. 예를 들어 더 큰 것이 더 크고 더 작은 것이 더 작아지는 이유가 동일한 원인을 기준으로 한다는 것과 더 큰 것이 작은 머리 때문에 크다고 말하는 것이 모순적이라는 말이네. 누군가는 작은 것 때문에 큰 것이 된다고 말하다니 터무니없지 않은가. 자네는 이런 결론에 도달하는 게 두려운 것은 아니겠지?"

케베스는 웃으며 말했습니다. "정말 그렇습니다."

소크라테스 선생이 이어서 말했습니다. "그렇다면 자네는 10이 8보다 큰 것의 원인이 2만큼 더 크기 때문이라고 말하지 않고, 더 큰 것은 큼 자체가 원인이라고 말하지 않겠나? 그리고 2큐빗이 1큐빗보다 긴 것은 1큐빗이 2큐빗의 절반이기 때문이 아니라, 그 자체의 길이 때문이라고 주장하지 않겠나? 이것도 마찬가지로 두렵지 않은가?"

"물론 그렇습니다."라고 그가 대답했습니다.

"그렇다면 하나에 하나를 더했을 때 자네는 그 더함이 [115] 그것이 둘이 되는 원인이라고 말하는 것을, 또는 나눗셈했을 때 나눗셈이 나뉜 이유라고 말하는 것을 경계하지 않겠는가? 그리고 자네는 각각의 것들이 존재하는 방식은 그것이 지닌 같은 본질에 참여함으로써 생성될 수 있지 다른 방식으로는 생성될 수 없다고 단호하게 주장하지 않겠나? 이런 경우 둘이 되는 원인은 둘이라는 그 자체의 본질에 참여한 것이 원인 외에 다른 원인을 제시할 수 없다고 생각할 것이네. 따라서 둘이 되고자 하는 것은 반드시 둘이라고 하는 그 자체의 본질에 참여하고, 하나가 되고자 하는 것은 하나라고 하는 그 자체의 본질에 참여해야 한다고 말할 거라네. 하지만 이 나눗셈이나 덧셈과 같은 세부적인 논의는 자네보다 더 현명한 이들에게 맡기고, 자네는 자신의 그림자와 무지함을 두려워하는 것처럼 보이는 이 안전한 가설을 고수하며 이에 따라 답변하지 않겠나?

그리고 누군가가 자네의 이 가설을 공격해 온다고 하더라도 자네는 그것을 물리치고 그 가설에서 발생하는 결과를 신중히 검토하여 그것들이 서로 일치한다고 생각하는지, 아니면 다르다고 생각하는지 결론이 날 때까지 답변을 자제하지 않겠는가? 하지만 필요할 때, 자네는 그것에 대한 또 다른 가설을 제시할 것이며 그것이 더 상위의 전제에서 가장 적합하다고 보이는 방식으로 이유를 설명할 것이네. 그러면서 동시에 첫 번째 원리와 거기에서 파생된 결과를 다루는 데 있어 혼란스럽게 하지는 않을 것이네. 자네가 진정으로 사물의 진리에 도달하고자 한다면, 그렇게 하지 않겠나?

[116]   그런데 사람들은 아마도 사물의 본질을 전혀 고려하지 않거나 주의를 기울이지 않을 것이네. 왜냐하면 자신들의 지혜로 모든 것을 뒤섞어 버릴 수 있고, 그렇게 하기를 즐기기 때문이라네. 하지만 자네는 진정한 철학자로서 내가 방금 말한 대로 행동할 것이라네."

"정말 옳으신 말씀입니다."라고 심미아스와 케베스가 말했습니다.

에케크라테스: 제우스를 걸고 맹세하건대 파이돈, 그들이 그렇게 말한 충분한 이유가 있습니다. 내 생각에는 조

금이라도 지성이 있는 사람이라면 이 주제들을 이해할 수 있도록 아주 명료하게 설명하신 것처럼 보입니다.

파이돈: 정말 그렇습니다. 에케크라테스, 그리고 그 자리에 있던 모든 사람들도 그렇게 생각했습니다.

에케크라테스: 그리고 저도 마찬가지입니다. 비록 그 자리에는 없었지만, 이제 이야기를 듣고 보니 말입니다. 그런데 그 다음에는 어떤 이야기가 이어졌습니까?

파이돈: 내 기억에 따르면, 소크라테스 선생님이 하신 말씀들이 다 받아들여졌습니다. 그리고 각각의 이데아가 스스로 존재하며* 다른 각각의 이데아에 참여하는 것들은 그 이데아의 이름으로 불린다는 것에 모두 동의하자, 선생님께서는 물으셨습니다.

"그렇다면 자네는 심미아스가 소크라테스보다는 더 크지만 파이돈보다는 더 작다고 말할 때, 심미아스 안에 큼과 작음이 둘 다 있다고 말하는 것 아니겠는가?"

"그렇습니다."

"그런데 심미아스가 소크라테스보다 더 크다고 말한 [117] 것은 언어로 표현한 방식일 뿐 실제로는 진실이라 할 수는 없다네. 심미아스가 소크라테스보다 더 크다는 진실

---

* εἶναι τι는 문자 그대로 '어떤 것이 있다'를 의미한다.

파이돈

된 원인은 그가 심미아스이기 때문에 큰 것이 아니고 그의 키 자체 때문이 아니겠는가? 또 소크라테스가 그보다 작은 것은 소크라테스는 작음이라는 것 자체를 가졌기 때문이 아니겠는가?"

"맞습니다."

"또한 마찬가지로, 심미아스가 파이돈보다 더 작은 것은 파이돈이 파이돈이기 때문이 아니라 상대적으로 심미아스의 작음에 비해 큼을 가지고 있기 때문이라네."

"그렇습니다."

"그러니 심미아스는 크기도 작기도 한 것 사이에 있기 때문에 하나의 작음에 대해서는 자신의 크기로 그것을 넘어서며, 동시에 자신이 가진 작음 자체를 능가하는 큼이라는 것 자체를 다른 사람이 갖고 있다는 말이네."

그리고 소크라테스 선생은 웃으며 이렇게 말을 이어 갔습니다.

"내가 마치 빠르게 글을 쓰는 사람처럼 말하고 있지만, 어쨌든 내가 한 말은 사실이라네."

그도 거기에 동의했습니다.

[118]   "내가 이런 식으로 말하는 이유는 자네들이 나와 의견을 함께하길 바라기 때문이라네. 내 생각에는 큼이라는 것 자체는 결코 큼이 되는 동시에 작음이 되려고 하지 않

을 뿐만 아니라, 우리 안의 큼도 결코 작음을 받아들이거나 작음에 의해 초월되기를 바라지도 않는다네. 오히려 둘 중 하나라네. 즉, 반대인 작음이 다가올 때 도망가고 물러서든지, 아니면 작음이 실제로 가까이 다가왔을 때 소멸하든지 말이네. 큼은 작음을 기다렸다가 받아들임으로써 본래의 자신과 달라지려고 하지 않는다네. 마치 내가 작음을 받아들이고 작은 사람이 되기는 했지만, 그것을 견딘 후에도 여전히 이전의 나와 동일한 사람으로 존재하는 것처럼 말이네. 반면에 큼은 큼이기 때문에 결코 작음을 견디려 하지 않는다네. 마찬가지로 우리 안의 작음도 결코 큼이 되거나 큼을 받아들이려 하지 않으며, 반대되는 것들 가운데 어느 것도 본래의 상태를 유지하면서 동시에 그 반대가 되거나 되려고 하지 않는다네. 이런 상황에서는 그것이 떠나가든지 아니면 소멸하게 되네."

"제게도 전적으로 그렇게 보입니다."라고 케베스는 말 [119] 했습니다.

그런데 그 자리에 있던 누군가가 이 말을 듣고 이렇게 말했습니다. 하지만 제가 그 사람이 누구였는지는 잘 기억나지 않습니다. "신들에 맹세코 말하건대, 방금 주장과 정반대되는 것을 우리가 논의 초반부에서 인정하지 않았습니까? 더 큰 것은 더 작은 것에서 생겨나고, 더 작은 것이 더 큰 것에서 생겨난다고 말입니다. 즉, 자신과 반대하는 것들의 생성이 그 반대하는 것에서 생겨난다고 말입니다. 그런데 지금은 결코 그런 일이 일어날 수 없다고 주장하는 것처럼 보입니다."

이 말을 듣고 소크라테스 선생은 그 사람을 향해 얼굴을 돌린 채 경청하신 후에 말했습니다. "자네가 아주 적절하게 그 말을 상기시켜 주었네. 하지만 자네의 주장과 지금의 주장 사이의 차이를 알아차리지 못한 것 같네. 당시에는 서로 대립하는 것은 자신과 대립하는 것에서 생성된다고는 말했지만, 지금은 대립하는 것 자체는 결코 자신과 대립하는 것이 될 수 없다는 말이네. 이는 우리 안에 있는 것이든, 자연에 있는 것이든 모두 마찬가지라네. 그러니 앞에서는 서로 대립하는 속성을 지니고 있어서 그 속성의 이름으로 불리는 것에 대해 말한 것이었던 반면에, 지금은 그러한 이름을 부여받는 원인이 되는 본질 자체에 관해 이야기하고 있다네. 이러한 본질은 결코 서로로부터 생성될 수 없다는 말이네."

[120] 그러면서 케베스를 바라보면서 말했습니다.

"케베스, 방금 한 말들 중에 자네를 혼란스럽게 한 것이 있는가?"

케베스가 대답했습니다. "이번에는 전혀 그렇지 않습

니다. 하지만 제가 말을 들으며 혼란스러운 것이 많지 않다고는 말할 수 없을 것 같습니다."

소크라테스 선생이 계속 말했습니다. "그렇다면 우리는 서로 대립하는 것은 결코 스스로 대립하는 것일 수는 없다는 것에는 완전히 동의한 것이군."

"물론입니다."라고 케베스가 대답했습니다.

"하지만 더 나아가 다음 말에도 동의하는지 계속 생각해 보게. 자네는 어떤 것은 뜨겁다고 말하고 어떤 것은 차갑다고 말하지?"

"그렇습니다."

"그럼 뜨거운 것과 차가운 것을 불과 눈과 동일한 것으로 생각하는가?"

"물론 아닙니다."

"하지만 열기는 불과는 다른 어떤 것이며, 냉기는 눈과 다른 어떤 것인가?"

"그렇습니다."

"그러나 자네도 이것은 분명히 알 것이네. 눈이 눈으로 존재하는 동안, 우리가 앞서 말했듯이 열기를 만나면 더 이상 본래의 상태로 남아 눈이면서 뜨거울 수는 없는 것이라네. 열기가 다가오면 눈은 물러서든지 소멸해야만 한다네. 그렇지 않은가?"

"그렇습니다."

"마찬가지로 불은 냉기가 다가올 때 물러나든지 소멸
해야 한다네. 냉기를 받아들였을 때 불이면서 동시에 차
가운 상태로 남아 있을 수는 없지. 그렇지 않은가?"

[121]   "정말 그렇습니다."

소크라테스 선생이 계속 말했습니다. "그렇다면, 이데
아 자체가 항상 같은 명칭으로 불릴 가치가 있을 뿐만 아
니라, 이데아 자체는 아니지만 존재하는 동안에는 그 형
태를 유지하는 다른 무엇인가에도 적용된다네. 내가 말
하려는 바는 아마도 다음 예시로 좀 더 분명해질 것 같
네. 숫자에서 홀수라고 불리는 이데아가 있고, 우리는 그
것을 항상 지금 부르는 대로 홀수라고 불러야 하네. 그렇
지 않은가?"

"물론입니다."

"그럼 우리는 홀수라는 명칭을 홀수 자체에만 쓰고 있
는가, 아니면 홀수와 같지는 않지만, 그 자체 본래의 이
름과 함께 또 홀수를 떠날 수 없는 본성을 가지고 있으므
로 홀수라는 명칭으로도 불려야 할 것이 또 있는가. 예를
들어 숫자 3에 대해 생각해 보게. 숫자 3은 항상 그 자체
의 이름으로 불려야 할 뿐 아니라, 홀수라는 이름으로도
불리지 않는가? 그런데 홀수라는 명칭과 3이라는 명칭은

다르다네. 숫자 3과 5 그리고 전체 홀수 영역에 속하는 모든 홀수에 대해서도 말할 수 있네. 그리고 숫자 2와 4 그리고 전체 짝수 영역에 속하는 모든 것들도 마찬가지로, 짝수 자체와는 같지 않지만, 각각은 항상 짝수로 불린다네. 이것에 동의하는가? 아니면 그렇지 않은가?"

"어떻게 동의하지 않을 수 있겠습니까?"라고 그가 대 [122] 답했습니다.

"이제 내가 증명하고자 하는 것에 주목해 보게. 즉, 본질적으로 반대되는 것들은 서로를 받아들이지 않을 뿐만 아니라, 서로 반대되지 않으면서도 항상 반대되는 성질을 지닌 것들조차도 자기 안에 존재하는 이데아와 반대되는 이데아가 접근할 때면 그것을 받아들이지 않고, 오히려 소멸하거나 물러나네. 예를 들어 숫자 3이 여전히 3인 상태에서 짝수가 되느니 먼저 소멸하거나 어떤 변화를 겪어야 하지 않겠는가?"

"물론입니다."라고 케베스가 말했습니다.

소크라테스 선생이 이어서 말했습니다. "그런데 숫자 2는 숫자 3의 반대는 아니지 않은가?"

"물론 아닙니다."

"따라서 단지 반대되는 이데아만을 서로 배척하는 것이 아니라, 상반된 성질을 내포한 것을 받아들이지 않는

　　　　　　　　　　　　　　　　　파이돈

그 밖의 다른 것들도 있다는 말이네."

"그렇습니다."라고 그가 대답했습니다.

소크라테스 선생이 말했습니다. "그렇다면 다른 것들이 어떤 것들이 있는지 정의할 수 있다면, 자네는 그렇게 하기를 원하는가?"

"물론입니다."

소크라테스 선생이 말했습니다. "케베스, 그렇다면 그것들은 어떤 것들이겠는가? 그것들이 무엇이든, 그것들이 점유하는 것에서 자기 자신의 이데아를 유지하도록 강제하는 것뿐만 아니라, 서로 반대되는 이데아를 동반하도록 만드는 것 아니겠는가?"

"그게 무슨 뜻입니까?"

[123] "우리가 방금 말한 것처럼 말이네. 자네도 알고 있을 텐데, 숫자 3이라는 이데아가 점유하는 어떤 것이든 반드시 3일뿐만 아니라 홀수이어야 한다는 것은 알고 있지 않나?"

"그렇습니다."

"그럼, 3이라는 수를 구성하는 형식에 반대되는 이데아는 결코 가까이 가지 못하네. 그렇지 않은가?"

"그렇습니다."

"그럼 그렇게 하는 것이 홀수라는 이데아 때문이지?"

"그렇습니다."

"그리고 그 이데아에 반대되는 것이 짝수라는 이데아이지?"

"그렇습니다."

"그렇다면 짝수라는 이데아는 결코 숫자 3에 가까이 갈 수 없겠군?"

"그렇습니다."

"그렇다면 숫자 3은 짝수와는 전혀 관련이 없겠군?"

"전혀 관련이 없습니다."

"숫자 3은 홀수인가?"

"그렇습니다."

"그래서 내가 정의해야 한다고 말했던 것, 즉 특정한 것과 반대되지 않더라도, 그 반대되는 것을 받아들이지 않는 것들이 무엇인지를 정의해야 한다는 거라네. 이 경우처럼 숫자 3은 짝수와 반대되지 않지만, 그렇다고 해서 짝수를 받아들이는 것도 아니라네. 왜냐하면 숫자 3은 항상 그 반대되는 것을 가져오기 때문이지, 마찬가지로 숫자 2는 홀수에 대해, 불은 냉기에 대해, 또 다른 많은 것들이 같은 식이라네. 따라서 자네는 이렇게 이 정의에 대한 결론에 도달하게 될 것이네. 즉, 반대되는 것이 반대되는 것을 받아들이지 않을 뿐만 아니라, 어떤 것이든 반대되는 것의 특성을 내포한 것이 다가갈 때, 이 반대되는 것을 결코 받아들이지 않는다고 말이네.

[124] 여러 번 듣는 것이 결코 쓸모없는 일은 아닐테니, 다시 한번 기억해 보게나. 숫자 5는 짝수라는 이데아를 받아들이지 않으며, 5의 두 배수인 10도 역시 홀수라는 이데아를 받아들일 수 없지. 그러므로 이 배수는 홀수와 반대되지 않고 다른 무언가에* 반대되긴 하지만 홀수라는 이데아를 받아들일 수 없지. 또한 1과 2분의 1의 2분의 1, 또는 3분의 1과 같은 분수들도 정수라는 이데아를 받아들이지 않는다네. 내 말을 이해했고, 나와 같은 의견이라면 말이네."

"저는 전적으로 선생님의 말씀에 동의하며 따릅니다." 라고 그가 말했습니다.

"그렇다면 또다시 처음으로 돌아가서 나에게 다시 한번 말해보게나. 하지만 대답할 때 내가 답한 표현 그대로 사용하여 답하지 말고, 다른 표현으로 대답하는 것을 듣고 싶다네. 이는 내가 처음에** 언급했던 안전한 답변 방식 외에도, 이제 우리가 방금 말한 것을 통해 내가 또 다

---

* 배수가 아닌 단일수.
** [113] 참고. 즉, 아름다움을 통해 아름다운 것들이 아름다워진다.

른 안전한 답을 알게 되었기 때문이네. 예를 들어, 자네가 내게 '무엇이 몸 안에 있어 뜨겁게 만드는가?'라는 질문에 대해, 내가 단순하게 열이라고 답하면 안전하긴 하지만 배움이 부족한 답이라네. 그 대신 우리가 방금 말한 것에 기반해 좀 더 우아하게 답변한다면, 그것을 불이라고 말할 것이네. 또는 '무엇이 몸 안에 있으면 몸을 병들게 하는가?'라고 물었을 때, 그것은 병 때문이라고 말하지 않고, 열 때문이라고 말할 수 있지. 또 '무엇이 숫자 안에 있으면 그것을 홀수로 만드는가?'라고 묻는다면, 홀수 자체가 그 속에 있기 때문이라고 말하지 않고, 홀수라는 이데아가 그 안에 있기 때문이라고 말할 걸세. 이와 같은 방식으로 다른 것들에 대해서도 말할 것이라네. 내 뜻을 충분히 이해했는지 생각해 보게나."

"완전히 이해했습니다."라고 그가 대답했습니다. [125]

소크라테스 선생이 물었습니다. "그렇다면, 몸 안에 무엇이 있기에 몸이 살아 있는가?"

"영혼입니다." 그가 대답했습니다.

"그렇다면 언제나 그런가?"

"물론입니다." 그가 대답했습니다.

"그렇다면 영혼이 들어 있는 것은 항상 생명이 있나?"

"그렇습니다." 그가 대답했습니다.

"그렇다면 생명의 반대되는 것이 있는가, 없는가?"

"있습니다." 그가 대답했습니다.

"그것이 무엇인가?"

"죽음입니다."

"그렇다면 이미 동의한 바와 같이 영혼은 그것이 지니고 있는 것에 반대되는 것을 결코 받아들이지 않겠군."

"물론입니다."라고 케베스가 대답했습니다.

"그렇다면 우리가 짝수의 이데아를 받아들이지 않는 것을 무엇이라고 부르는가?"

"홀수입니다." 그가 대답했습니다.

"그리고 정의로운 것과 음악적인 것을 받아들이지 않는 것은 무엇이라고 부르는가?"

"불의한 것과 음악적이지 않은 것입니다." 그가 말했습니다.

"좋네. 하지만 죽음을 받아들이지 않는 것을 우리는 무엇이라고 부르나?"

"불멸입니다." 그가 대답했습니다.

"영혼은 죽음을 받아들이지 않는가?"

"그렇습니다."

"그렇다면 영혼은 불멸인가?"

"불멸입니다."

"그렇다면 이로써 영혼이 불멸이라는 것이 증명되었 [126] 다고 할 수 있나? 자네는 어떻게 생각하는가?"

"소크라테스 선생님, 아주 완벽하게 증명되었습니다."

소크라테스 선생이 말했습니다. "케베스, 만약 홀수가 불멸이라면, 숫자 3도 불멸이라고 하지 않겠는가?"

"어찌 그러지 않겠습니까?"

"따라서 차가운 것이 불멸하는 것이라면, 누군가 열을 눈 가까이 가져가도 눈은 녹지 않고 그대로 있겠지? 눈은 없어지지도 않고 열을 받아들이지도 않을 것이기 때문이라네."

"맞는 말씀입니다."

"같은 방식으로, 뜨거운 것이 불멸하는 것이라면, 누군가 차가운 것을 불에 접근시켰을 때도, 불은 꺼지지도 않고 없어지지도 않으며 완전히 안전하게 어디론가 사라질 거라네."

"당연히 그렇게 될 것입니다." 그가 말했습니다.

소크라테스 선생이 말했습니다. "그렇다면 우리가 불멸하는 것에 대해 이렇게 말하지 않을 수 없네. 불멸하는 것이 없어질 수 없다면, 죽음이 그것에 다가올 때 영혼이 없어지는 것은 불가능하다네. 이미 말한 바와 같이, 영혼은 죽음을 받아들이지 않을 것이며, 결코 죽지도 않을 것이라네. 마치 우리가 숫자 3이 절대 짝수가 될 수 없다고 말한 것처럼, 홀수 역시 그렇고, 불이나 열기가 차가운 것을 받아들이지 않는 것도 똑같은 원리라네.

[127]　　그러나 누군가 이렇게 말할 수도 있을 것이네. 비록 홀수가 짝수로 변할 수 없다고 인정했지만, 짝수가 접근했을 때 홀수가 소멸한다면 짝수가 그 자리를 대신할 수 있지 않겠는가 하고 말이네. 이런 반론을 제기하는 사람과 논쟁하면서 홀수가 소멸하지 않는다고 반박할 수는 없을 거라네. 왜냐하면 짝수가 아니라고 소멸할 수 없는 것은 아니기 때문이네. 하지만 짝수가 접근할 때 홀수와 숫자 3이 떠나간다고 말할 수 있다는 데 우리가 동의한다면, 논쟁은 쉽게 끝날 거라네. 그리고 우리는 이와 동일한 방식으로 불, 열, 그 밖의 것들에 대해서도 주장할 수 있지 않겠나?"

"물론 그렇습니다."

"그러므로 불멸한 것과 관련하여 우리가 그것이 없어질 수 없다고 인정했다면, 영혼은 불멸한 것일 뿐 아니라 없어질 수도 없는 것임이 틀림없지 않은가? 그렇지 않다면 다른 논증이 필요할 걸세."

"그것과 관련해서라면 다른 논증이 필요하지 않습니다. 왜냐하면 불멸하고 영원하면서도 소멸할 수 있다면,

소멸하지 않는 것은 거의 없을 테니 말입니다."

소크라테스 선생이 말했습니다. "나는 신, 생명이라는 [128] 이데아 자체, 그리고 불멸한 다른 것들은 소멸할 수 없다고 생각하네."

"제우스를 걸고 맹세하건대, 모든 사람도 그렇겠지만, 제 생각에는 신들이라면 더더욱 그러할 것입니다."라고 그가 대답했습니다.

"그러므로 죽지 않는 것은 소멸하지 않으므로, 영혼이 불멸한 것이라면 다른 어떤 것도 아닌 소멸하지 않는 것이 될 수밖에 없지 않겠나?"

"필연적으로 그럴 수밖에 없습니다."

"따라서 죽음이 인간에게 다가올 때, 인간을 구성하는 부분 중 필멸의 부분은 죽음을 맞이하겠지만, 불멸하는 부분은 안전하고 소멸되지 않은 채 죽음에서 벗어나 스스로 물러나는 것이 맞지 않을까?"

"그런 것 같습니다."

소크라테스 선생이 말했습니다. "그러므로 케베스, 영혼은 확실히 불멸하고 소멸하지 않으며, 우리의 영혼은 정말로 하데스에 존재할 것이라네."

"소크라테스 선생님, 저는 더 이상 이 점에 대해 반박할 말이 없습니다. 또한 선생님의 논증에 대해서 조금의 의심도 없습니다. 하지만 만약에 심미아스나 이 자리에 있는 다른 이들이 할 말이 있다면, 침묵하지 않았으면 좋겠습니다. 왜냐하면 이러한 문제에 대해 말하거나 들을 수 있는 기회가 언제 다시 올지 모르기 때문입니다."라고 케베스가 말했습니다.

[129]   심미아스가 말하기를 "이제 정말로 제기된 주장에 대해서는 의심할 이유가 전혀 없습니다. 다만 논의된 주제가 방대한 데다가, 저에게는 인간의 나약함에 대한 불신이 있어서, 지금까지 언급된 것들에 관한 의심이 어쩔 수 없이 남아 있습니다."

소크라테스 선생이 말했습니다. "심미아스, 자네가 그렇게 말하는 것은 당연하다네. 처음의 가설들이 설령 자네들에게 믿을 만하다고 여겨지더라도, 더욱 신중히 검토해 봐야 한다네. 그리고 만약 그것들을 충분히 탐구한다면, 인간이 할 수 있는 최대한의 논지를 펼칠 수 있을 거라네. 그렇게 해서 모든 것이 분명해진다면 더 이상 아무런 의문도 들지 않게 될 것이라네."

"맞는 말씀입니다."라고 심미아스가 대답했습니다.

소크라테스 선생이 말했습니다. "하지만 나의 친구들이여, 우리는 이 점을 고려해야 한다네. 영혼이 죽지 않는다면, 우리가 살아 있다고 부르는 현재의 시간만을 위해서가 아니라 모든 시간을 위해 영혼을 돌보아야 한다는 것을 의미하네. 만약에 이를 소홀히 한다면, 그것이 얼마나 위험한 일인지를 알게 될 것이라네.

만약에 죽음이 모든 것에서 벗어나는 일이라면, 악한 [130] 자들에게는 오히려 큰 이득이 되겠지. 그들이 죽을 때 몸과 함께 악덕에서 벗어나고 영혼 또한 자유로워질 수 있기 때문이네. 그러나 이제 영혼이 불멸한 것으로 밝혀졌기 때문에, 할 수 있는 한 선하고 지혜로워지는 것 외에는 악으로부터 도피하거나 구원을 얻는 것이 불가능하다네. 우리의 영혼이 하데스로 갈 때 가지고 갈 수 있는 것은 오직 자신이 훈련과 교육을 통해서 얻은 것들 외에는 없다네. 그리고 그것은 죽은 사람이 하데스로 여행을 시작할 때 그들에게 가장 유익한 것이 될 수도 있고, 해를 끼치는 것이 될 수도 있다네. 사람이 죽으면 각각 생전에 배정받은 수호 영혼이 그 사람을 죽은 사람들이 모여 있는 어떤 장소로 데려간다고 전해진다네. 그곳에서 사람들은 심판을 받게 되며, 그런 다음에 하데스로 이끄는 안내인과 함께 그곳으로 간다고 하지. 그곳에서 각자 자신에게 맞는 심판을 받고는 머물러 있어야 할 시간을 보낸 후, 다른 안내인의 인도로 이 세상에 다시 온다고 한다네.

그 여행길은 아이스킬로스의 텔레포스에서 묘사된 것

처럼 단순한 길은 아니라지. 그는 하데스로 가는 길을 단일한 경로라고 묘사했지만, 내 생각에는 그 길은 단순하지도 않고 단 하나의 길로 되어 있지도 않을 것 같네. 만약 하나의 길만이 존재했다면, 누구도 길을 잃을 리 없을 테니 안내인도 필요 없겠지. 아마도 그 길은 여러 갈래와 굴곡이 있을 거야. 이는 우리의 종교적 관습과 장례 의식*을 통해 추측할 수 있다네.

[131]   잘 훈련받고 지혜로운 영혼은 하데스로 가는 길을 잘 이해하며 따를 것이네. 하지만 앞서 말했듯이, 욕망에서 벗어나지 못해 몸에 집착하는 영혼은 자신의 몸 주위와 눈에 보이는 장소**를 아쉬워하며 떠나지 못하고 오랫동안 맴돌겠지. 그리고 격렬한 저항과 고통을 겪은 후, 마침내 배정된 수호 영혼에 의해 억지로 힘들게 끌려가서, 다른 영혼들이 있는 장소에 도달할 거라네. 부정한 살인을 저질렀거나 이와 유사한 악행을 저지른 영혼을 다른 영혼이 본다면 모두 피하고 외면하겠지. 그 누구도 그 영혼의 길동무나 안내자가 되려 하지 않으니, 그 영혼은 온갖 종류의 무력감에 시달리며 떠돌아다니게 될 테지. 그러

---

* οσια 와 νομιμα의 표현을 구별하기는 어렵다. 전자의 단어는 죽은 자의 영혼을, 후자의 단어는 그들의 시신으로 육체를 가리키는 것으로 보인다.
** 매장된 장소.

다가 정해진 시간이 지나면, 필연적으로 그 영혼에 적합한 곳으로 옮겨지게 되고 말이야.

반면 순결하고 절제된 삶을 살아온 영혼은 신들을 길동무와 안내자로 삼아 각자의 적합한 장소에 자리를 잡게 된다고 생각하네.

세상에는 실로 수많은 놀라운 장소가 있으며, 이 지구 [132] 자체는 사람들이 보통 말하는 것처럼 그런 성질과 크기를 지닌 것이 아니라는 말을 많이 들은 적 있는데, 나는 그 말이 꽤 설득력 있다고 생각하네."

그러자 심미아스가 말했습니다. "소크라테스 선생님, 그게 무슨 뜻입니까? 저도 지구에 관해 많은 이야기를 들었습니다만, 선생님께서 믿는 것들과는 다른 것 같습니다. 그러니 그 이야기를 더 듣고 싶습니다."

"심미아스, 내 생각엔 그에 관한 이야기들은 글라우코스의 기술*로도 증명하기 어려울 것 같네. 하지만 나는 이것이 사실이라고 생각하네. 글라우코스의 기술이 증명할 수 있는 것 이상으로 말이야. 그런데 그것을 내가 증명할 수 있다고 하더라도 내게 남은 생애는 그 주제를 다루기에는 시간이 턱없이 부족할 것 같네. 그러나 내가 확

---

* '매우 어려운 문제'를 의미하는 속담.

신하는 지구의 형태와 그 안에 있는 다양한 장소들에 대해서는 이야기할 수 있을 것 같네."

"그것만으로도 충분합니다."라고 심미아스가 말했습니다.

소크라테스 선생이 말했습니다. "나는 우선 이렇게 확신한다네. 만약 지구가 하늘의 중앙에 있고 구형의 형태를 가졌다면, 그것이 떨어지지 않도록 공기나 그와 비슷한 어떤 힘도 필요하지 않다고 생각하네. 하늘 자체가 모든 방향에서 동일하며, 지구 자체의 균형 상태가 그것을 지탱하기에 충분하다고 보네. 왜냐하면 어떤 것이 무언가의 중앙에 위치하고 모든 방향에서 동일한 힘으로 눌려야 어느 한쪽으로 더 기울어지거나 덜 기울어지지 않는데, 이는 모든 방향에서 동일하게 영향을 받기 때문에 움직이지 않고 그 상태로 그대로 머물 수 있는 것이라네.

[133]   이것이 내가 제일 먼저 확신하게 된 것이지."

"아주 옳은 생각입니다."라고 심미아스가 말했습니다.

소크라테스 선생이 말했습니다. "지구는 매우 크다네. 우리는 파시스강에서 헤라클레스의 기둥들까지의 아주 작은 일부에 살고 있으며, 마치 개미와 개구리가 늪 주변에 사는 것처럼 우리는 바다 주변의 좁은 지역에서 살고 있지. 나는 또한 다른 많은 사람이 지구의 다른 지역들에서 이와 비슷한 장소에 거주하고 있다고 보네. 지구 곳곳에는 다양한 형태와 크기의 움푹 팬 곳들이 많아서 그곳으로 물, 안개, 공기가 흘러 들어가기 때문이라네. 그러나 지구 자체는 순수한 상태로 별들이 가득한 하늘 안에 자리 잡고 있다네. 대부분의 사람들이 에테르라고 부르는 것이 이 하늘이라네. 이 에테르에는 침전물이 있고 그것이 지구의 움푹 팬 곳들로 계속 흘러들어 가고 있다네.

우리는 지구의 깊은 구덩이에서 살고 있다는 사실을 [134] 알지 못하고, 지구의 표면에 살고 있다고 생각한다네. 이는 마치 바다 밑바닥에서 살고 있는 누군가가 자신은 바다 위에 살고 있다고 생각하며, 물을 통해 보이는 태양과 별들을 보며 바다가 하늘이라고 상상하는 것과 같다네. 게으름과 나약함으로 인해 바다 표면에 도달하지 못하고, 육지에 올라간 적도 없으며, 대지가 그가 사는 세계보다 얼마나 더 깨끗하고 아름다운지를 보지 못하고, 그곳을 본 사람들의 이야기도 들어보지도 못하는 것이지.

이것이 바로 우리가 처한 상태라네. 우리는 지구의 어떤 움푹 파인 구덩이에 살고 있으면서도 우리가 지구 표면에 살고 있다고 생각하며, 공기를 하늘이라 부르고, 별들도 그 안에서 움직인다고 생각하고 있다네. 그러나 사실은 우리의 나약함과 나태함으로 공기의 표면에 도달하지 못하는 걸세. 만약에 누군가 공기의 표면에 도달하거나, 날개를 달고 그곳까지 날아 오를 수 있다면, 마치 물고기가 바다에서 나와 세상을 바라보는 것처럼 그 너머의 세상을 바라볼 수 있겠지. 그리고 그것을 보는 것을 그의 본성이 감당할 수 있다면, 그는 그것이 진정한 하늘이요, 진정한 빛이며, 진정한 대지임을 알게 될 것이라네.

[135]   지구의 대지와 모든 돌과 모든 장소는 썩고 부식되어 버린 것 같다네. 마치 바다 안에서 소금기 때문에 그렇게 되는 것처럼 말이야. 바다에서는 가치 있는 것이 자라지 않으며 한마디로 바다에는 온전하다고 말할 수 있는 것이 없다네. 바닷속 땅이 있는 곳은 어디에나 동굴과 모래와 진흙과 온갖 더러운 것들이 많이 있네. 그 땅에서는 우리가 살고 있는 이 땅의 아름다움을 찾아볼 수 없다네. 반면에 대기 너머에 있는 것들은 우리 주변의 것들보다 훨씬 더 뛰어난 곳일 걸세. 그러니 하늘 아래 그곳에 관해 이야기해도 좋다면, 그것이야말로 얼마나 들을 만한 가치가 있겠는가, 심미아스."

"소크라테스 선생님, 정말 그 이야기가 무척 듣고 싶습니다."라고 심미아스가 말했습니다.

[136]   소크라테스 선생이 계속 말했습니다. "우선 첫째로 위에서 내려다보면, 이 지구는 열두 개의 가죽 조각으로 덮

인 공과 같은 모습을 하고 있다지. 그것은 갖가지 색으로 구분되고 꾸며져 있는데, 화가들이 쓰는 색이 그 색들을 본뜬 거라고 하더군. 하지만 지구 전체를 이루는 색들은 이 세상의 색들보다 훨씬 더 빛나고 순수하다네. 지구의 한 부분은 경이로운 아름다움을 보여주는 자주색으로 되어 있으며, 어떤 부분은 황금색으로 되어 있고, 또 다른 어떤 부분은 백악이나 눈보다도 더 흰색이라네. 이처럼 세상은 여러 색상들로 구성되어 있으며, 그 색상들은 우리가 지금까지 봐온 것들보다 더 많고 더 아름답다네. 또한 지구의 움푹 꺼진 부분은 물과 공기로 채워져 있지만, 특정한 종류의 색을 띠고 있어서 여러 색상들로 다양하게 빛난다네. 그래서 끊임없이 변화하는 다채로운 모습을 보여주지. 이러한 지구에서는 나무, 꽃, 열매들과 같은 모든 식물들이 그 본성에 따라 자라고 있네. 지구의 산과 돌들도 마찬가지로 그 대지의 본성에 맞춰 매끄러움과 투명함과 아름다운 빛깔을 지니고 있다네. 이곳에서 귀하게 여기는 사르딘석이나 재스퍼석 또는 에메랄드와 같은 돌들은 그곳의 아주 작은 일부에 불과하지. 그곳에는 이런 아름다운 보석 아닌 것이 없으며, 이들보다 훨씬 더 아름다운 것들로 모두 이루어져 있다네.

그곳의 돌들이 그런 이유는 돌과 흙은 물론이고 동식 [137]

물들을 포함한 다른 것들까지도 훼손되고 병드는 부패가 없고 바닷물에 부식되지 않고 순수하기 때문이라네. 이 대지는 이러한 온갖 보석들과 금과 은, 그리고 그와 비슷한 것들로 가득 장식되어 있다네. 그런 것들은 자연적으로 눈에 띄며, 수가 많고 크며, 지구 모든 부분에 걸쳐 있기 때문에, 그것을 바라보는 사람들은 축복받은 자들이라고 하네. 또한 그것에 있는 많은 동물과 사람 중 일부는 지구의 중심부에 살고, 일부는 우리가 바다 주변에 사는 것처럼 대기 주변에 살며, 일부는 대륙 가까이에 있으면서 대기가 둘러싸고 있는 섬들에 살고 있다네. 한마디로 말하자면, 물과 바다가 우리에게 필수적인 역할을 하듯이, 대기는 그들에게 그러하며, 우리에게는 대기가 있듯이 그들에게는 에테르가 있어 그것이 그들에게는 대기가 되는 것이라네.

[138]   그러나 그곳의 계절은 매우 온화하여 질병이 없고, 이곳 사람들보다 훨씬 더 오래 살며, 시각, 청각, 후각은 물론이고, 다른 모든 면에 있어서 우리를 능가한다네. 이는 순수함에 있어 대기가 물보다 뛰어나고 에테르가 대기보다 뛰어나기 때문이라네. 그리고 그곳에는 실제로 신이 거주하는 거처와 신전들이 있으며, 신들의 음성을 듣고 신탁을 받으며, 그들을 직접 보면서 교류한다고 해. 또한

그들은 해와 달과 별들을 본연 그대로의 모습으로 볼 수 있으며, 다른 면에서도 이와 조화로운 행복한 삶을 누리고 있다지.

지구 전체와 그 주변의 본질도 그렇다네. 하지만 그곳의 도처에는 많은 구덩이가 있다고 해. 그중에는 우리가 사는 움푹 파인 곳보다 더 깊고 큰 구덩이가 있는가 하면, 우리 것보다 좁은 곳도 있으며, 이곳보다 얕지만, 더 넓게 파인 곳도 있다네.

이 모든 곳은 땅속 여러 장소에 걸쳐 구멍이 나 있고 [139] 그 구멍들은 서로 연결되어 어떤 곳은 좁고 어떤 곳은 넓은 통로로 연결되어 있다네. 이 통로들을 통해 엄청난 양의 물이 한 군데에서 다른 곳으로 흘러간다지. 땅 밑에는 뜨겁고 차가운 거대한 강들이 흐르고, 엄청난 양의 불과 거대한 불의 강과 진흙 강이 있다네. 일부는 더 깨끗한 진흙이고 또 일부는 더 진한 진흙으로, 마치 시칠리아에서 용암이 흐르기 전에 진흙 강이 흐르듯이, 그러한 강들로 채워져 있다고 해. 이런 강들이 계속해서 순환하고 흐르다가 넘쳐 흐르는 대로 각 구덩이를 채우게 된다네.

하지만 이 모든 것은 지구 안에서 특정한 진동에 따라 위와 아래로 움직이는 듯 보이지. 그러한 진동은 다음과 같은 자연적인 진동에 따른 것이라고 하네. 지구의 아주

　　　　　　　　　　　　　　　　파이돈

깊은 구멍 중 하나는 엄청나게 크며 지구 전체를 관통하고 있어. 호메로스*는 '아주 멀고 먼 지구 아래 가장 깊은 심연'이라고 묘사했고, 그를 비롯한 많은 시인이 타르타로스라고 부른 바로 그곳이라네. 이 구멍으로 모든 강들이 흘러들어 가고 다시 흘러나오지만, 각각의 강은 대지에서 흘렀던 곳이 어디였는지에 따라 그 강의 성격이 정해진다고 하네.

[140] 모든 물줄기가 그곳으로부터 흘러나오고 다시 그곳으로 흘러들어 가는 이유는 물들이 머물러 있을 바닥도 없고 기반도 없기 때문일 테지. 그래서 그것은 위아래로 진동하고 출렁이고, 그 주변의 공기와 바람도 이처럼 동일하게 움직인다네. 물이 지구의 이쪽저쪽으로 몰려 흐를 때마다 공기와 바람이 그것을 따라 함께 움직이네. 마치 호흡할 때 공기가 지속적으로 나왔다 들어가는 것처럼, 이곳에서도 물과 함께 진동하는 바람이 들어가고 나올 때 강렬하고 저지할 수 없는 바람이 일어난다네. 그래서 우리가 하부 지역이라고 부르는 곳으로 물이 밀려들어 가면, 지구를 통과해서 그곳에 있는 강으로 흘러들어 간다고 해. 마치 사람들이 물을 펌프로 퍼올리는 것처럼 말

---

* 《일리아드》, lib. viii. ver. 14.

이네. 그리고 물이 다시 그곳을 떠나서 이곳으로 밀려오면 다시 이곳의 강들을 채운다네. 강들은 채워지면 통로와 지구를 통해 흐르고, 각각의 강이 목적지로 흐르는 여정 중에 바다와 호수와 강과 샘물을 형성한다네.

그리고 다시 지구 아래로 가라앉으며, 어떤 강들은 더 [141] 길고 더 많은 장소를 돌아 흐르고, 또 다른 강들은 더 짧고 적은 장소를 돌아 흐른 뒤, 다시 타르타로스로 흘러들어 간다네. 어떤 강들은 처음 흘러왔던 곳보다 더 아래로 내려가 흘러들어 가고, 또 다른 강들은 조금만 내려가 흘러들어 가기도 하지만, 결국 모두 처음 흘러왔던 지점보다 아래로 흘러간다네. 그리고 어떤 강들은 물이 흘러들어 간 곳과는 정반대 방향으로, 또 어떤 강들은 같은 방향에서 흘러나오기도 한다네. 또한 마치 뱀처럼, 지구를 한 번 또는 여러 번 감싸며 원을 그리듯 돌아 흐르는 강들도 있지. 이 강들은 가장 낮은 곳으로 내려간 뒤 다시 흘러들어 간다네. 이 강들은 양쪽 방향으로 중간까지 내려갈 수는 있지만 그 이상으로 내려가지는 못한다고 하더군. 왜냐하면 양쪽 강물의 흐름에 각각 경사가 있기 때문이라네.

이 외에도 크고 다양한 강들이 많다네. 그런데 이 강들 중에는 네 개의 특별한 강이 있어. 그중 가장 크고 지구

파이돈

가장 바깥쪽으로 돌며 흐르는 강을 오케아노스라고 부른다네. 그리고 이와 정반대 방향으로 반대편에서 흐르는 강을 아케론이라고 부르는데, 이 강은 여러 삭막한 지역들을 흐르며 지구 아래로 흘러들어 가 아케루시아스호수에 이른다네. 그곳은 죽은 이들 대부분의 영혼이 도착하는 곳이지. 그 영혼들은 그곳에서 정해진 기간 동안 머무르다, 길거나 짧은 각자의 시간을 보낸 뒤, 다시 세상에 보내져 생명체로 태어난다네.

[142] 세 번째 강은 이들 사이의 중간 지점에서 흘러나와 그 발원지에서 가까운 온통 불로 가득한 광대한 지역으로 떨어져서, 우리의 바다보다 크며 물과 진흙이 끓어오르는 큰 호수를 형성한다고 해. 여기서 강은 원을 그리고 소용돌이치며 진흙탕으로 흐르다가 아케루시아스호수의 끝부분과 다른 곳에 도달하게 되지만, 그곳의 물과는 섞이지 않는다네.

이 강은 지구 아래를 여러 번 돌아 흐르다가 결국 타르타로스의 더 낮은 부분으로 흘러들어 간다네. 이 강을 사람들은 피리플레게톤이라고 부르지. 이 강은 지구의 곳곳에 자신의 파편들인 용암을 분출한다네. 또한 이 강의 반대편에서 발원하는 네 번째 강은 무섭고 야만적인 곳으로 떨어지는데, 이곳은 전해지기로는 그 전체 색

깔이 시아누스*와 같다고 한다네. 이 강을 스틱스강이라고 부르며, 이 강이 흘러들어 생긴 호수를 스틱스라고 부른다네. 호수로 흘러들어 간 물은 엄청난 힘을 받게 되며 지구 아래로 흘러들어 가 피리플레게톤강과 반대 방향으로 굽이치며 돌아 나아가다가 아케루시아스호수가 있는 지점의 반대 방향에서 피리플레게톤강과 만나게 된다지. 그러나 강의 물들은 섞이지 않으며, 역시 원을 그리며 흐르다가 피리플레게톤강의 맞은편에서 타르타로스로 흘러들어 간다네. 시인들은 그 강을 두고 코키토스라고 부르지.

이것이 지구의 모습이라네. 죽은 자들이 각자의 수호신에 이끌려 그들의 장소에 도착하면, 먼저 선하고 경건하게 살았던 사람들과 그렇지 않은 자들 모두가 심판을 받지. 중간 정도로 분류되는 사람들은 아케론으로 가서 그들을 위해 준비된 배를 타고 호수로 들어가 그곳에 머무른다고 해. 그들은 그곳에서 정화되고 저질렀던 죄악에 대한 벌을 받은 후 다시 해방되며, 각자 자신들이 한 선행에 대해 보상을 받는다네. 그러나 중대한 신성모독 [143]

---

* 깊은 청색의 금속 물질로, 초기 그리스 작가들에 의해 자주 언급되었지만, 그 본질은 알려져 있지 않다.

이나 불의하고 불법적인 살인이나 이와 유사한 범죄를 저질러서 치료가 불가능한 자들로 보이는 이들은 그들에게 준비된 운명에 따라 타르타로스에 내던져지며, 거기서 다시는 나오지 못하게 된다네.

[144]   큰 죄를 짓기는 했지만 교정할 수 있다고 여겨지는 사람들, 예를 들어 화를 참지 못하고 부모에게 폭력을 행사했지만 남은 삶을 참회하며 살았던 자들, 또는 유사한 방식으로 살인을 저질렀던 자들은 필연적으로는 타르타로스에 떨어지지만, 거기서 한 해를 보내고 나면, 파도가 그들을 내던진다네. 살인자는 코키투스강으로, 부모를 죽인 자들은 피리플레게톤강으로 말이네. 그리고 그들이 물 흐름에 따라가다가 아케루시아스호수에 도달하면, 그곳에서 자신들이 죽였거나 해를 입힌 이들에게 외치고 호소하면서 그들을 불러내어 자신을 받아들여 달라고 간청하고 탄원을 한다네. 만약에 그들을 설득하는 데 성공하면, 그들은 호수로 나아가 고통에서 벗어날 수 있게 된다네. 하지만 설득하지 못한다면, 다시 그 강물을 타고 타르타로스로 돌려보내지고 그곳에서 다시 강으로 되돌아가기를 반복하게 된다네. 그리고 재판관들에 의해 선고된 형벌에 따라, 그들이 해를 입힌 자들을 설득하기 전까지는 이러한 고통을 멈추지 못한다네.

하지만 탁월하게 거룩한 삶을 살았다고 인정받는 자 [145]
들은 감옥에서 풀려난 것처럼 지하 세계에서 자유롭게
되어 순수한 거처에 도달하여 지상의 높은 곳에 머무르
게 된다네. 이들 중 철학을 통해 자신을 정화한 자들은
몸을 떠나 앞으로도 영원히 무형의 상태로 살게 되며, 오
늘날 우리가 묘사할 수 없거나 지금 충분히 설명할 수 없
는 더욱 아름다운 곳에 머무르게 된다네.

그러나 우리가 지금 묘사한 것만으로도, 우리가 이 삶
에서 미덕과 지혜를 얻기 위해서 모든 노력을 다해야 한
다는 사실이 분명해졌을 거라네, 심미아스. 왜냐하면 그
노력에 대한 보상은 고귀하며 희망은 크기 때문일세.

물론 내가 묘사한 것이 정확하다고 단정 짓는 것은 지
성 있는 사람의 태도는 아니라네. 그러나 우리의 영혼과
그 거처에 관해서, 영혼은 분명히 불멸하기 때문에 이러
한 일이 일어나거나 또는 이후 비슷한 일이 일어난다고
믿는 것은 가치가 있다네. 그것의 실재를 믿는 사람에게
는 이러한 믿음이 가치 있는 모험이라고 여겨질 것이야.
왜냐하면 그 모험은 고귀하며, 그러한 생각들로 우리 자
신을 매료시키는 일은 옳기 때문이라네. 이러한 이유로
나는 이야기를 이렇게 길게 늘어놓았네.

이와 같은 이유로 사람은 자신의 영혼에 대해 확신을 [146]

가져야 한다네. 생애 동안 육체의 모든 쾌락과 장식을 이롭기보다는 해로운 것으로 보며 멀리해야 한다네. 자신의 영혼을 외적인 장식이 아닌 고유한 장식으로 여기며 절제, 정의, 용기, 자유, 진리로 단장해야 하네. 이렇게 하데스로 가는 여정을 기다리면서 자기 영혼이 소환될 때면 언제나 기꺼이 떠날 수 있도록 준비가 된 사람이 되어야 해."

소크라테스 선생이 이어서 말했습니다. "심미아스와 케베스, 그리고 나머지 여러분들도 각자 미래에 언젠간 떠나게 될 터이지만, 비극 속에 나오는 인물처럼 말해본다면, 지금은 운명이 나를 부르고 있다네. 이제 내가 마지막으로 목욕 재계를 할 시간이 다 된 것 같아. 독약을 마시기 전에 목욕을 해야 좋을 것 같네. 그래야 여인들이 내 시신을 씻기는 번거로움을 덜 수 있을 테니 말이네."

[147]   소크라테스 선생이 이렇게 말을 하자, 크리톤이 말했습니다. "그리하게, 소크라테스. 하지만 자네의 자녀들이나 다른 어떤 일에 대해, 특히 우리가 자네에게 해줄 수 있는 일이 있다면 말해주겠나?"

소크라테스 선생이 대답했습니다. "크리톤, 내가 항상 말하던 것을 다시 한번 말할 뿐이네. 새로운 것은 없어. 자네들이 스스로를 돌본다면, 그것이 곧 나와 나의 가족에게, 그리고 자네 자신들에게 도움이 될 것이라네. 반대로 자네들이 스스로를 방치한다면, 지금까지 말했던 길을 자네들이 따르지 않는다면, 아무리 지금 무언가를 약속한들 무슨 소용이 있겠나."

크리톤이 말했습니다. "그렇게 하도록 노력하겠네. 그럼, 어떤 방식으로 자네의 장례를 치렀으면 좋겠나?"

소크라테스 선생이 말했습니다. "자네들이 원하는 대로 하시게. 다만 자네들이 나를 붙잡고 있고 내가 도망칠 수 없다면 말이네."

그리고 소크라테스 선생은 부드럽게 미소를 지으시며 [148] 우리를 바라보며 말했습니다.

"지금까지 자네들과 대화하면서 우리가 말하는 것들에 대해 논리를 따지며 하나하나 다 얘기했지만, 내가 바로 그 소크라테스임을 크리톤에게 설득하지 못한 것 같군. 그는 내가 곧 죽어서 그의 눈앞에 놓이게 될 나의 시신이 바로 나라고 생각하며, 그 시신을 어떻게 장례 치를지 묻고 있구나. 독약을 마신 후에는 내가 자네들의 곁에 더 이상 머무르지 않고 복된 자들의 행복한 곳으로 떠날 것이라는 나의 주장을 자네들과 나 스스로를 위로하는 말쯤으로 여긴 것 같네. 내 의도와 달리 헛되이 전해진 것 같군. 자네들이 나를 대신해서 크리톤에게 보증을 서

주겠나? 크리톤은 재판관들에게 내가 탈옥하지 않고 감옥에 머물 거라고 보증을 섰지. 그것과는 달리 자네들이 내가 죽은 뒤에 이곳에 남아 있지 않고 떠날 것이라는 보증을 서주게. 그래야 크리톤의 마음이 좀 더 쉽게 이 상황을 받아들일 수 있을 거라네. 그는 내 육체가 불에 타거나 매장되는 것을 보면서 마치 내가 무슨 끔찍한 고통이라도 당한다고 생각하지 않겠나. 나는 나의 장례에 대해 소크라테스가 눕혀졌다든가 운구되었다, 또는 묻혔다는 것과 같은 말이 회자되지 않기를 바라네."

[149]   소크라테스 선생이 말했습니다. "크리톤, 옳지 않게 말하는 것은 단순히 그 자체로 잘못일 뿐만 아니라, 영혼까지도 해를 끼치는 일임을 잘 기억해 두어야 한다네. 그러니 용기를 내어 내 육체만을 묻는 것이라고 말하고, 그 다음에는 당신이 원하는 방식으로, 그리고 관습에 가장 적합하다고 생각하는 방법으로 장례를 치러주게나."

소크라테스 선생은 이렇게 말한 후 일어나서 목욕을 하러 들어갔고, 크리톤이 뒤를 따라가면서 우리에게 기다리라고 했습니다. 그래서 우리는 소크라테스 선생님이 한 말들을 다시 한번 떠올리며 서로 이야기를 나누었고, 마치 아버지를 잃은 사람들처럼 남은 삶을 고아처럼 살아가게 될 상황에 대해 진지하게, 우리에게 닥친 이러한 재앙에 관해 이야기를 나눴습니다.

소크라테스 선생님이 목욕을 다 마치자, 그의 어린 두 아들과 장성한 한 명의 아들이 같이 그에게 왔습니다. 그리고 집안의 여자들도 왔습니다. 크리톤이 지켜보는 가운데 그들은 이야기를 나누었고, 자신이 당부하고 싶은 것들을 전한 뒤에 여자들과 아들들을 돌려보냈고 다시 우리에게 왔습니다. 소크라테스 선생님이 안에서 많은 시간을 보내고 나오셨기 때문에 날은 이미 해가 지고 있었습니다.

소크라테스 선생님은 목욕을 마치고 나와 앉으신 뒤 [150] 로 아무 말도 하지 않았습니다. 그러다 열한 명의 간수들 중 한 사람이 안으로 들어와 그의 가까이에 서서 말했습니다.

"소크라테스 선생님, 당신에게는 다른 죄수들에게 했던 것처럼 불평할 필요가 없을 것 같습니다. 그들은 제가 행정관들의 명령에 따라 독배를 마시게 할 때도 모두 저한테 화를 내고 저주를 퍼부었습니다. 하지만 당신은 이곳에 계시는 동안 항상 가장 고귀하고 온화하며 훌륭한 사람으로 저를 대해주셨습니다. 그래서 지금도 저에게 화를 내지 않으리라고 확신합니다. 당신께서는 누구에게 화를 내야 하는지 알고 있기 때문입니다. 제가 여기 무엇을 알리러 왔는지 아실 테니, 작별 인사를 드립니다. 그리고 피할 수 없는 이 일을 최대한 수월하게 받아들이셨으면 좋겠습니다." 그는 이렇게 말하고 눈물을 흘리며 뒤돌아 물러갔습니다.

[151] 소크라테스 선생은 그를 바라보며 말했습니다. "당신도 안녕히 가시오. 우리는 당신의 지시에 따를 겁니다." 라고 말하며 우리를 향해 몸을 돌리며 말했습니다. "참으로 친절한 사람 아닌가. 저 사람은 내가 여기 갇혀 있는 동안에도 나를 종종 찾아와 대화를 나누어준 정말 훌륭한 사람이라네. 그리고 지금은 나를 위해 저렇게 진심으로 눈물을 흘려주고 있지 않은가! 자, 크리톤, 저 사람이 하라는 대로 하세. 누가 가서 독약을 가져오게. 이미 갈아 놓았다면 가져오고, 그렇지 않으면 누가 가서 어서 준비하라고 하게."

그러자 크리톤이 말했습니다. "하지만 소크라테스, 태양이 아직 산 위에 걸쳐 있고 다 지지 않았다네. 그리고 내가 알기로는 다른 사람들은 독약이 전해진 뒤에도, 충분히 식사도 하고 술을 마시기도 하며, 사랑하는 사람들과 시간을 즐기기도 하면서 아주 늦게 마신다고 하네. 그러니 서두르지 마시게. 아직 시간이 충분하다네."

이에 소크라테스 선생이 대답했습니다. "크리톤, 자네

가 말한 그 사람들은 다 그럴만한 충분한 이유가 있었네. 그들은 그렇게 함으로써 무언가를 얻을 것으로 생각했을 거야. 하지만 나도 그럴만한 충분한 다른 이유가 있어서 그렇게 하지는 않을 걸세. 조금 더 늦게 마신다고 해서 내가 얻을 것이 아무것도 없으며, 단지 내 자신이 우스꽝스러워질 뿐이라네. 미련이 남은 것이 없는데도 삶에 그렇게도 집착하고 아까워하는 나를 스스로 비웃게 될 걸세. 그러니 크리톤, 가보게. 딴전 피우지 말고 어서 내 말을 들어주게."

이 말을 들은 크리톤은 곁에 서 있던 소년에게 고갯짓 [152] 을 했습니다. 소년은 밖으로 나가서 잠시 머문 뒤 독약을 준비한 사람과 함께 돌아왔습니다. 그 사람은 갈아놓은 독약이 담긴 잔을 들고 있었습니다. 소크라테스 선생은 그 사람을 보면서 말했습니다. "좋소. 당신이 이 일에 능숙할 테니, 이제 내가 무엇을 해야 하는지 알려주겠소?"

그가 대답했습니다. "다른 건 다 필요없습니다. 독약을 마시고 나면 좀 걸어 다니다가 다리가 무겁게 느껴지기 시작하면 자리에 와서 누우십시오. 그러면 독약이 제역할을 다할 것입니다."라고 말하면서 잔을 내밀었습니다. 소크라테스 선생님은 그것을 매우 조심스럽게 받았고 손을 떨거나 얼굴빛이 변하지도 않은 채 평소처럼 단호한 표정으로 그 사람을 바라보며 말했습니다. "이 독약의 일부를 누군가에게 봉헌주로 올리는 것에 대해 뭐라 하겠는가? 허용되는가 아니면 허용되지 않는가?"

그러자 그 사람은 대답했습니다. "소크라테스 선생님, 우리는 마시기에 필요한 양만 준비할 뿐입니다."

[153] 소크라테스 선생이 말했습니다. "알겠네. 하지만 내가 여기서 저곳으로 떠나는 일이 행복하기를 신들에게 기도하는 것은 분명히 합법적이고 올바른 일이겠지. 그래서 나는 기도한다네. 그리고 그렇게 되기를 바란다네." 소크라테스 선생님은 이 말을 다 하고 망설임 없이 침착하게 독약을 마셨습니다. 그 순간까지는 간신히 눈물을 참아낼 수 있었지만, 독약을 마시는 모습을 보고는 더 이상 참을 수가 없었습니다. 결국 나의 의지와는 상관없이 눈물이 쏟아져 흘러내려 얼굴을 가리고 울 수밖에 없었습니다. 하지만 나는 그를 위해 울었다기보다는 이렇게 훌륭한 친구를 잃게 되는 나 자신의 운명 때문에 울었습니다. 크리톤은 나보다도 눈물을 참지 못하고 먼저 자리에서 일어났습니다.

[154] 이미 한참 전부터 눈물을 흘리고 있었던 아폴로도로스는 이제는 비통함 속에 울부짖고 통곡하며 주변에 있던 사람들의 가슴을 아프게 했습니다. 소크라테스 선생

을 제외하고 모두 다 슬프게 울었습니다. 소크라테스 선생은 이렇게 말했습니다.

"훌륭한 나의 친구들이여, 무엇을 하는가? 나는 바로 이럴까 봐 여인들을 먼저 내보낸 것이라네. 그들이 이런 어리석음을 저지르지 않게 말이네. 나는 죽음을 맞이할 때는 경건하게 맞이하는 게 옳다고 들었네. 그러니 모두들 조용히 하고 마음을 다잡아보게나."

우리는 이 말을 듣고는 부끄러워서 눈물을 참으려 애썼습니다. 소크라테스 선생님은 잠시 걸어 다니다가 다리가 무거워지는 것 같다고 말하고, 안내를 받은 대로 등을 대고 누웠습니다. 그러자 독약을 준 사람이 그를 만지고 잠시 후 그의 발과 다리를 살펴보았습니다. 그의 발을 세게 눌러보며 감각이 있는지를 물었고, 소크라테스 선생은 감각이 없다고 대답했습니다. 이어서 허벅지를 눌렀습니다. 그런 식으로 점차 위로 올라가며 몸을 눌러보며 몸이 점점 차갑게 경직되어 가는 것을 보여주었습니다. 소크라테스 선생은 스스로 몸을 만져보며 독이 내 심장에 도달하면 떠날 것이라고 말했습니다.

소크라테스 선생님의 아랫배 근처가 차가워지자 덮고 있던 덮개를 걷어내며 말했습니다. 이 말이 선생님의 마지막 말이었습니다. "크리톤, 우리는 아스클레피오스 [155]

에게 수탉 한 마리를 빚졌다네. 그러니 꼭 그것을 갚도록 하게. 잊지 말게나."

크리톤이 대답했습니다. "꼭 그렇게 하겠네. 혹시 또 할 말이 있는지 생각해 보게."

소크라테스 선생은 더 이상 대답하지 않았습니다. 그리고 잠시 후 경련을 일으켰고 집행관은 그에게 덮개를 덮어주었습니다. 그의 눈은 멈춰 있었고, 크리톤은 그것을 알아채고 그의 입과 눈을 감겨주었습니다.

에케크라테스, 이것이 우리의 친구였던 한 사람의 마지막이었습니다. 그는 우리가 아는 그 시대의 사람들 중 가장 훌륭하고 가장 지혜로우며 가장 정의로웠던 사람이었습니다.

옮긴이 정상희

서울시립대학교와 홍익대학교 대학원을 졸업했다. 오하이오 대학교에서 박사 과정을 수학했으며, 서울시립대학교 대학원에서 박사과정을 수료했다.

대학교에서 미술사, 미학, 건축사를 가르치고 있으며 바른 번역 소속 번역가로도 활동하고 있다.

역서로는 『베네치아 건축 스케치북』, 『영국 건축의 언어』, 『천사와 악마, 그림으로 읽기』, 『팝아트』, 『죽기 전에 꼭 봐야 할 세계 건축 1001』 등이 있다.

나는 내가 모른다는 것을 안다
: 소크라테스의 변론

초판 1쇄 발행 2025년 4월 11일

지은이 플라톤
옮긴이 정상희
펴낸이 김선준, 김동환

편집이사 서선행
책임편집 최구영 **편집3팀** 최한솔, 오시정
디자인 정란
마케팅팀 권두리, 이진규, 신동빈
홍보팀 조아란, 장태수, 이은정, 권희, 박미정, 조문정, 이건희, 박지훈, 송수연
경영관리 송현주, 윤이경, 정수연
교정교열 이정임

펴낸곳 페이지2북스
출판등록 2019년 4월 25일 제 2019-000129호
주소 서울시 영등포구 여의대로 108 파크원타워1, 28층
전화 070)4203-7755 **팩스** 070)4170-4865
이메일 page2books@naver.com
종이 월드페이퍼 **인쇄·제본** 한영문화사

ISBN 979-11-6985-132-9 (03100)